핵심 기초 문법에서 구문론까지, 강독을 위한

신약 헬라어 가이드북

핵심 기초 문법에서 구문론까지, 강독을 위한

신약 헬라어 가이드북

채영삼 지음

초판 1쇄 발행 2025년 10월 15일
초판 2쇄 발행 2025년 11월 5일

편집 송혜숙
총무 곽현자

발행처 도서출판 이레서원
발행인 문영이
출판신고 2005년 9월 13일 제2015-000099호

경기도 고양시 일산동구 백석로71번길 46, 1층 1호
Tel. 02)402-3238, 406-3273 / Fax. 02)401-3387
E-mail: Jireh@changjisa.com Facebook: facebook.com/jirehpub

책값은 표지에 있습니다.

ISBN 978-89-7435-684-2 03230

핵심 기초 문법에서 구문론까지, 강독을 위한

신약 헬라어 가이드북

채영삼 편저

이레서원

차례

서론

제1부 ○ 핵심 기초 문법

부록 1 ○ '동사적 관점'에 따른 구문 이해

제2부 ○ 구문론의 규칙

부록 2 ○ 신약 헬라어 성경 강독의 실제

서론

1. 이 책은 어떻게 구성되었는가?

이 책 〈신약 헬라어 가이드북〉에는 "핵심 기초 문법부터 구문론까지, 헬라어 강독을 위한"이라는 부제가 붙어 있다. '핵심'이라 한 것은, 이 책이 기초 문법 전체를 자세하게 설명하고 습득할 수 있도록 하는 교재는 아니기 때문이다. 신약성경 헬라어의 기초 문법의 핵심 구조만을 정리해서 보여 주고, 그것을 기초로 '구문론의 규칙들'을 이해하고 활용하여 신약성경을 원문으로 읽는 데 참고할 수 있는 가이드북으로 활용되는 것이 이 책의 목표이다.

신약 헬라어의 기초 문법을 제대로 습득하려면, 이 책의 끝부분 "신약 헬라어 학습을 위한 참고 문헌" 목록에 수록된 교재 중 자신에게 맞는 책을 택해서, 차근차근 연습 문제까지 풀면서 꾸준히 기초 문법을 익히는 학습 과정이 필요하다. 이 '가이드북'은, 과거에 한 번이라도 기초 문법을 배웠지만, 그 내용이 기억나지 않는 상황에서 신약성경의 원문을 읽어야 하는 사람들의 필요를 채우기 위해 만들어졌다.

필자도 신약 헬라어 본문을 읽어야 할 때 기초 문법을 여러 번 들추어 보아야 했다. 과거에 처음부터 끝까지 한번 제대로 공부했어도, 그 이후에 신약 헬라어 원문을 보지 않는 시간이 길어지면 이미 배웠던 가장 기초적인 문법 지식까지 잊어버리게 된다. 그때마다 기초 문법을 다시 확인하면서, 서서히 신약 헬라어의 기초 문법에는 '몇 가지 핵심 구조들'이 있다는 사실이 눈에 들어왔다.

이 책은 그렇게 깨닫게 된 신약 헬라어 기초 문법의 '핵심 구조'를 다양한 도표로 제시하고, 그것을 중심으로 설명하는 방식으로 기초 문법을 다시 정리할 수 있도록 배려했다. 이 작업을 위해서는 헬라어 기초 문법책 가운데 이순한 역편 〈신약성서헬라어〉를 주로 참조했다. 그리고 기초 문법만으로는 신약성경을 원문으로 읽어 나가기 어렵기 때문에, 필자가 신약 석사 과정을 공부할 때 고(故) Dr. Bastiaan Van Eldereen 박사님께서 BDF(F. Blass and A. Debrunner, A Greek Grammar of the New Testament and Other Early Christian Literature)에 기초해 정리해 주신 수업 자료 "New Testament Greek Study Aids"의 내용을 편역하여 제2부 "구문론의 규칙"에 수록해서 참고하도록 했다.

또한, 최근에 논의되고 있는 헬라어 동사의 시제에 관한 '동사적 관점들'(Verbal Aspects)의 설명과 활용 방안을 다룬 "부록 1"을 제1부

끝에 수록했다. 헬라어 동사에 대한 관행적인 이론이 절대적이 아닌 것처럼, 새로운 이론이라고 해서 이전의 이론들의 효용성이 가려질 필요는 없다. 아직 충분한 논의와 검증이 필요하므로, 적절하고 합리적인 방식으로 활용해야 할 것이다. 끝으로, 제2부 "구문론의 규칙"을 소개한 후에는 '신약 헬라어 강독의 실제'를 예시하기 위해 두 편의 신약 본문에 대한 강독 해설을 "부록 2"에 수록했다.

2. 왜 신약 헬라어를 공부해야 하는가?

기독교가 번성할수록, 신약성경을 헬라어로 읽어야 할 필요성과 그에 따른 교육은 오히려 감소하는 경향이 있다. 성경 해석이 대중화되면서, 신약성경을 원문으로 읽는 것은 지나치게 전문적이거나 심지어 필요 없는 '현학적인' 작업처럼 비쳐지곤 하기 때문이다. 그래서 신학교에서 신약 헬라어를 아예 가르치지 않거나, 가르친다 해도 간단히 '해치워 버리고 마는' 경우도 있다.

혹자는, 신약성경을 해석하는 데 '번역본들만으로도 충분하지 않은가'라고 생각할 수도 있다. 하지만 신약성경을 헬라어 원문으로 읽어 본 경험을 가진다면 생각이 달라질 것이다. 비유하자면, 그것은 마치 그림책에서 호랑이를 보던 사람이 실제로 동물원에 가서 살아 있는 호랑이를 직접 보는 것과 같은 차이를 가져올 것이기 때문이다. 그만큼 본문이 '생생하게 살아서 다가온다'는 경험을 하게 될 것이라는 뜻이다.

어떤 사람은, 성경은 하나님의 '계시'이기에 충분히 기도하고 성령 안에서 읽고 해석하면, 원문으로 읽는 학자들보다 훨씬 더 하나님의 마음에 가까운 의미를 캐낼 수 있다고 자신하기도 한다. 그런 말에도 일리가 있다. 하지만 이런 두 방식은, 서로를 보완하고 함께 행해질 때 최상의 결과를 가져올 수 있다. 즉 신약성경의 헬라어 원문을 통해 본문의 생생하고 살아 있는 의미를 직접 경험하면서도, 그 생생한 의미의 세계를 붙들고 기도하며 그 말씀의 생명과 빛을 만나 거기에 거하는 해석학적 만남이 있다면 최상일 것이다.

앞에서 언급한 비유를 계속하자면, 그것은 마치, 이제는 동물원에 갇혀 있는 호랑이가 아니라 산속을 걷다가 오솔길에서 살아 있는 호랑이를 직접 대면하는 경험과 유사할 것이다. 성경을 원문으로 읽는 습관이 중요한 이유는, 결국 우리가 행하는 모든 신앙과 신학이 성경에 닻을 내리며, 어떤 경우에도 성경과 멀어지지 않게 하기 위해서이기도 하다.

신학에는 조직 신학, 교회사, 실천 신학 등 여러 분과가 있다. 이러한 신학의 다양한 분과는, 근본적으로 성경 신학에 기초한다. 성경으로부터 어떤 신학적인 틀, 관점, 사상이 얻어지고, 이것들이 조직 신학적으로 정리가 되면서, 점차로 실천 신학으로, 그리고 교회사적인 지식으로 정리되는 것이다. 그렇다면 성경 신학은 어떻게 형성되는가? 그것은 성경 주석(Biblical Exegesis)과 같은 매우 기초적인 연구로부터 얻어진다.

이런 점에서 성경 원문을 이해하는 일이 중요한 것이다. 하지만 그런 기초적인 연구의 작업은 단지 전문가에게 맡기고 신학생이나 목회자는 그 전문가가 주석해 놓은 내용을 바탕으로 신학을 세우고, 설교를 만들고, 실천 신학의 원리들을 찾으면 되지 않는가? 그럴 수도 있다. 사실, 모두가 다 주석을 위해 성경 원어를 할 필요는 없을 것이다. 하지만 그렇다 하더라도, 최소한 어떤 주석, 어떤 주해, 어떤 신학이 보다 성경적이고 성경의 원뜻에 합한 것인지를 판별할 수 있는 전문가다운 안목이 있어야 한다.

예를 들어 내가 집을 짓는다고 할 때 전문가가 아닌 이상, 직접 산에 가서 나무를 골라 잘라 오기는 어렵다. 직접 강가에 가서 모래를 채취해서 얻어 오기도 어려울 것이다. 하지만 그럴 때라도, 집을 짓는 사람으로서 어떤 재료가 좋은 재료인지를 판별할 수 있는 안목이 있으면 큰 도움이 된다. 의학도들이 외과나 내과처럼 수술을 전문으로 하지 않는 경우라도, 인턴 때에는 모두 해부학을 배우며 인체를 직접 해부하고 만져 보는 직접 경험의 시간을 갖는다.

이처럼 어떤 신학, 어떤 신앙이든, 그것이 성경 말씀과 얼마나 직접적으로, 그리고 긴밀하게 연결되어 있는가 하는 그 접촉점(contact point), 즉 1차 자료, 곧 성경 원문(原文)에 대한 지식은 매우 필요하고 결정적이다. 그것이 없다면 결국은, 그런 신학이나 신앙은 자신도 모르게 서서히 말씀에서 멀어지며, 심한 경우에는 말씀을 대적하는 신학이 될 위험에 빠질 수도 있다. 성경은 정경(Canon)이다. 잣대이다. 항상 거기에 비추어서 우리가 바로 가고 있는지 점검해야 하는 기준인 것이다. 그렇다면 그 기준점은 흔들리지 않는 견고한 것이 되어야 하고, 그래서 원문 연구는 언제나 중요한 작업으로 남는다.

신학도는 평생 설교를 준비하는 설교자이다. 설교자는 매일 음식을 만들어 가족들에게 먹여야 하는 요리사와 같다. 그에게 무엇이 가장 중요할까? 음식 솜씨도 중요할 것이다. 하지만 그가 배달된 음식을 늘 재탕하여 새롭게 만들어 내는 정도라면, 그가 만들어 내는 음식의 한계는 뚜렷하다. 하지만 그가 성경 원문의 들판과 산에서, 그 넓은 바다에서 직접 싱싱하고 풍부한 먹거리들을 채취해서 얻어낼 수 있다면, 그의 요리는 무엇보다 진정성이 있으며, 정성이 가득하고, 그 풍부한 영양과 맛으로 양 무리를 배부르게 만들 것이다.

설교자의 작업은 평생에 걸쳐 말씀과 씨름하는 일이다. 그런데 그 말씀을 생생하게 만나는 길이 바로 원문을 살피는 데에 있다. 평생 설교를 하고 신학을 배우며 교회를 섬기는 평생 교육의 관점에서도, 성경 원어 공부에 투자하는 시간은 그래서 매우 유익한 전략이며, 매우 든든한 밑거름이 된다. 가장 밑바탕에 있고 그래서 토대가 되는 공부이기 때문이다.

종교 개혁 시대의 개혁적인 설교자들은 모두 성경 원어에 충실했던 목회자들이었다. 그들은 헬라어와 히브리어에 능통했는데, 칼뱅은 설교를 할 때 라틴어 성경이 아니라 원어 성경을 놓고 그것을 읽으며 바로 설교를 했다고 전해진다. 거기서, 성도들로 하여금 살아 있는 말씀과 부딪히게 하는 강력한 설교의 권능과 역사가 일어난 것을 알 수 있다. 성경 원어를 공부하는 것은 그래서 전문적인 성경학자만의 일이 아니라, 사실은 모든 목회자, 모든 설교자가 기본적으로 항상 하고 있어야 하는 공부이다.

3. 신약성경 헬라어를 어떻게 공부할 것인가?

모든 언어 공부의 비결 중 하나는, 일단 단어를 많이 암기하는 것이다. 단어는 총을 쏠 때 필요한 탄알과도 같다. 총알이 없다면 총을 쏠 수 없는 것처럼, 아무리 문법을 잘 알아도 단어를 모르면 성경을 원어로 읽을 수 없다. 다행스럽게도 신약에 나오는 헬라어 단어의 수는 한정되어 있다. 보통 원어 성경책 뒤에는 부록으로 간단한 단어장이 첨부되어 있다.

이 책의 "신약 헬라어 학습을 위한 참고 문헌" 목록에는, 신약성경에 나오는 빈도수에 따라 분류한 단어들을 암기하도록 돕는 책들이 소개되어 있다. 신약성경에는, 200회 이상 반복되어 나오는 단어들부터 10회 미만 반복되는 단어들이 있는데, 대략, 50회 이상 반복되어 나오는 단어들만이라도 모두 외운다면, 신약성경을 읽는 데 큰 도움이 된다. 헬라어 단어를 외우는 데에는 접두어나 어근(語根)에 대한 공부를 보충하면 암기의 효율성이 증대된다. 여러 파생 단어들에 공통되는 어근을 암기하면, 그 어군에 속한 파생 단어들을 모아서 쉽게 이해할 수 있기 때문이다.

헬라어 단어를 외우는 데는, 깊은 분석이나 통찰력이 요구되지 않는다. 단어 암기는 큰 집중을 요구하지 않으므로 자투리 시간을 활용할 수도 있다. 그다음에는, 기초 문법을 이해해야 한다. 이것이 우리가 이 책에서 살펴볼 내용들이다. 짧은 시간에 세밀한 문법적 사항들을 다 알 수는 없겠지만, 신약의 본문을 읽는 데 가이드가 될 핵심적인 문법적 구조와 여러 '표식들'(signs)을 숙지하는 것을 목표로 삼을 것이다.

미리 말하자면, 이 책은 헬라어 문법을 이해하려 할 때 기억해야 하는 세 가지 공리(axiom)를 제시한다. 첫째, 헬라어는 한글과 다르게 명사나 동사에 변화가 있다. 당황하지 말자. 둘째, 명사 변화에는 규칙적인 1, 2변화가 있고, 불규칙인 3변화가 있다. 명사의 1, 2변화는 정관사, 형용사, 대명사 변화를 지배한다. 그리고 명사의 3변화는 분사의 변화를 지배한다는 원리를 기억하자. 셋째, 동사 변화는 현재와 미완료과거 변화가 기본이다. 현재 직설법 변화는 미래 변화를 지배하고, 미완료과거는 부정과거와 완료 변화를 지배한다. 이제 기초 문법의 핵심적 내용들을 하나씩 살펴보자.

핵심 기초 문법에서 구문론까지, 강독을 위한

신약 헬라어 가이드북

제1부

핵심 기초 문법

1. 어떻게 시작할까?

어떻게 하면 신약 헬라어 성경을 스스로 읽고 해석할 수 있을까? 그렇게 하려면 일단, 헬라어 알파벳을 익혀서 어떻게 읽는지를 배워야 한다. 이것이 첫걸음이다. 내친 김에, 신약성경에 나오는 헬라어 단어 중 사용 빈도수가 높은 단어들을 외워 둔다면, 낯선 헬라어 문장들을 읽을 때 조금은 익숙하고 편안한 마음이 들 수 있다.

다행스러운 점은, 신약성경 헬라어는 더 이상 '늘어나지 않는, 이미 그 내용과 분량이 결정되어 있는' 분야라는 사실이다. 그러므로 신약성경에서 사용되는 헬라어 단어들을 익숙하게 기억할 수 있다면, 신약성경을 헬라어로 읽는 일은 그만큼 쉬워지기 마련이다. 무엇보다, 헬라어 단어들을 암송하는 일은 문법적 내용이나 구문론적 규칙을 이해하는 과정보다 훨씬 단순하고 수월하다. 틈나는 대로 신약성경의 헬라어 단어들을 암송하면, 그만큼 헬라어 강독은 쉬워진다.

2. 읽는 습관

헬라어 알파벳을 익혀 단어를 읽고 암송하기 시작했다면, 이제는 헬라어의 기초 문법을 배우는 과정이 뒤따라야 한다. 시중에, 신약성경 헬라어 기초 문법에 관한 책이 많이 있다. 하지만 현실적인 문제는, 몇 주 또는 몇 달을 공들여 헬라어 기초 문법을 공부했다 하더라도, 그 배운 문법 지식을 '아주 쉽게, 아주 빠르게' 잊어버리게 된다는 것이다. 헬라어는 우리가 일상생활에서 사용하는 언어가 아니기 때문이다.

그래서, 분명히 기초 문법을 배운 적이 있지만 몇 개월 후 또는 몇 년 후에 신약성경을 헬라어로 읽고 해석해야 할 때, 다시 기초 문법책을 뒤적여 그 내용을 새롭게 익혀야 하는 일이 생긴다. 이런 어려움을 방지하려면, 좋은 방법이 있다. 매일, 적어도 정기적으로, 신약 헬라어 성경을 조금씩이라도 꾸준히 읽어 가는 습관을 갖는 것이다. 하루에 신약 헬라어 성경을 한 단어, 한 문장이라도 읽고 해석하고 묵상하는 습관이 생기면, 헬라어 단어나 문법도 쉽게 기억에서 사라지지 않을 뿐 아니라, 헬라어의 구문(syntax) 즉, 문장이 구성되는 방식들에도 점차로 익숙해지게 될 것이다.

3. 알파벳

이제 우리는 간단히 헬라어 알파벳부터 배울 것이다. 이미 배운 적이 있다면, 다시 확인할 기회이다. 다음에 설명된 헬라어 알파벳을 소리 내어 읽고, 여러 번 손으로 쓰면서 외우고 확인하자(참조. 이순한 역편, 〈신약성서헬라어〉, 9-16).

대문자	소문자	이름	발음
Α	α	알파	a(아)
Β	β	베타	b(ㅂ)
Γ	γ	감마	g(ㄱ)
Δ	δ	델타	d(ㄷ)
Ε	ϵ	엡실론	e(에)
Ζ	ζ	제타	z(ㅈ)
Η	η	에타	ē(에[장음])
Θ	θ	떼타	th(ㄸ/ㅆ)
Ι	ι	이오타	i(이)
Κ	κ	캅파	k(ㅋ)
Λ	λ	람다	l(ㄹ)
Μ	μ	뮈	m(ㅁ)
Ν	ν	뉘	n(ㄴ)
Ξ	ξ	크시	ks(ㅋㅅ)
Ο	ο	오미크론	o(오)
Π	π	피	p(ㅍ)
Ρ	ρ	로	r(ㄹ[후두음])
Σ	σ(ς)	시그마	s(ㅅ)
Τ	τ	타우	t(ㅌ)
Υ	υ	윕실론	ü(위[독어식])
Φ	φ	피	ph(ㅍ['ㅎ' 섞인])
Χ	χ	키	ch(ㅋ[독어식])
Ψ	ψ	프시	ps(ㅍㅅ)
Ω	ω	오메가	ō(오[장음])

a. 도표를 보고, 헬라어 알파벳을 입으로 발음하며 반복해서 외워 두자. θ(떼타)의 발음은 혀가 윗니 밑에 닿았다가 떨어지며 '쎄'와 '떼'가 섞인 채로 나는 발음이다. 한글에 적절한 표현 방법이 없어 '떼타'로 사용하기로 한다. 또한, '시그마'인 σ 옆에 (ς)로 괄호 안에 표시한 글자는, σ가 단어의 맨 끝에 올 때는 ς로 표기한다는 뜻이다. 음가는 두 경우 모두에 'ㅅ' 소리가 나는 것으로 변화가 없다.

b. ξ(크시)나 ψ(프시)의 발음은 두 자음이 겹쳐 있는 소리이다. ξ(크시)를 단순히 '크'로 발음하거나 ψ(프시)를 단순히 '프'로 발음하지 않도록 주의해야 한다. 예를 들어, 동사인 ἐξέρχομαι(내가 나가다)의 발음은 '에제르코마이'가 아니라 '엑세르코마이'이고, 명사인 ψυχή(혼, 영혼)의 발음은 '퓌케'가 아니라 '프쉬케'이다.

c. ψ(프시)와 φ(피)를 혼동하지 않도록 유의하라. φέρω(페로, '내가 가져오다, 전달하다')의 경우처럼 φ(피)는, ψ(프시)처럼 두 자음이 겹친 소리가 아니라, 'ㅍ'의 음가만을 갖는다.

d. π가 영어의 p(피)에 해당하는 소리가 난다면, φ는 영어의 f(에프)에 해당하는 소리가 난다고 할 수 있다.

e. 헬라어의 υ(윕실론)은, 영어의 u(유)와 비슷하게 생겼지만, '유'로 발음하지 않고 '위'로 발음한다는 점에 유의하라. 예를 들어, 전치사인 ὑπό(…아래에, …의하여)는 '우포'가 아니라 '휘포'로 발음해야 한다.

f. 참고로, 여기서 ὑπο가 단순히 '위포'가 아니라 '휘포'로 발음되는 이유는, υ(윕실론) 위에 붙은 '강기식'(强氣息, strong breathing sign), 즉 강한 숨소리를 표시하는, 작은따옴표처럼 생긴 표식(ʽ)이 붙어 있기 때문이다. 이보다 순한 호흡을 나타내는 표식(ʼ)을 연기식(軟氣息, smooth breathing sign)이라 한다. 연기식의 경우에는, '내가 먹는다'의 뜻인 동사 ἐσθίω(에스띠오)에서처럼, 실제 발음에는 눈에 띄는 영향을 주지 않는다.

g. 앞에서 예로 든 ἐσθίω의 경우에서 보듯 기식(breathing sign) 외에 악센트가 있다. 악센트는 발음할 때 소리를 내는 방식을 나타내는데 세 종류가 있다. 끝을 올리는 소리는 액큐트 악센트[acute accent](´)로, 앞부분에서 올라갔다가 뒷부분에서 내려오는 소리는 써컴플렉스 악센트[circumflex accent](ˆ)로, 그리고 끝을 내리는 소리는 그레이브 악센트[grave accent](`)로 표기한다. 헬라어의 악센트는 명사나 동사 모두에 붙을 수 있는데, 어디에 어떻게 붙는지에 대한 일반적인 규칙은 있으나 단어마다 다를 수 있다.

h. 헬라어 알파벳에는 일곱 개의 모음이 나온다: α(알파), ϵ(엡실론), η(에타), ο(오미크론), ι(이오타), υ(윕실론), ω(오메가)이다. 이 중에서, ϵ('에' 발음), ο('오' 발음)는 단모음으로만 사용되고, η와 (긴 '에에' 발음) ω(긴 '오오' 발음)는 장모음으로만 사용되며, α와 ι이, 그리고 υ는 단모음과 장모음 모두에 사용된다.

i. 모음에 관해서 이보다 중요하게 알아야 할 것은, 두 개의 모음이 겹쳐 발음되는 중모임이다. 자주 사용되는 중모음에는, αι('아이'로 발음), ϵι(에이), οι(오이), αυ('아우'로 발음; '아위'가 아님), ϵυ('유'로 발음; '에위'가 아님), ου('우'로 발음; '오위'가 아님), 그리고 υι(위)가 있다.

예를 들어, '평강'이라는 의미의 ἐιρήνη는 '에이레네'로 발음하고, '그 자신'(self)이라는 뜻인 αὐτος는 '아우토스'로, '내가 축복한다' 동사인 ἐυλογέω는 '율로게오'로, 그리고 '아무도'(no one)의 οὐδϵις는 '우데이스'로 읽는다.

j. ι(이오타)가 장모음 중 α, η, ω와 함께 사용되면, 그 장모음 밑에 모양을 축소해서 덧붙어 표기하는데 이를 '이오타 부기법'(Iota subscript)이라 부른다. 이때에 덧붙여진 ι(이오타)는 발음되지 않는다. 즉, ι가 α와 합쳐지면 ᾳ로 표기하고, η와 합쳐지면 ῃ로, 그리고 ω와 합쳐지면 ῳ로 표기한다.

4. 자주 사용되는 단어 암기

헬라어 알파벳을 읽을 수 있다면, 신약성경에 자주 나오는 헬라어 단어들을 기회가 될 때마다 암송하는 것이 매우 유익하다. 모든 언어가 그렇지만, 단어들에는 '어근'(語根)이 있고, 이 어근을 따라 여러 모양으로 파생되는 단어들이 있기 마련이다. 그래서 신약성경 헬라어 가운데 가장 많이 활용되는 '어근'들을 중심으로 단어를 암기한다면 그만큼 효율적일 것이다.

예를 들면, ἀγ-(아그-)라는 어근은 '이끌다, 가져오다'의 뜻인데, 동사인 ἄγω(내가 이끌다)는 신약에 69회 사용되며, ἀνάγω(내가 이끌어 오다)는 23회, ἐξάγω(내가 이끌어 내다)는 12회, συνάγω(내가 모으다)는 59회, 그리고 ὑπάγω(내가 가 버리다)는 79회나 사용된다.

시중에는 신약성경 헬라어를 어근을 중심으로 그 사용 빈도수에 따라 배열한 헬라어 단어 암기용 책들이 있는데(이 책의 "신약 헬라어 학습을 위한 참고 문헌" 참조), 이를 활용해서 틈틈이 신약성경 헬라어 단어들을 암기하면, 마치 전쟁터에 나간 군인이 총탄을 충분히 준비한 것처럼 실제 헬라어 원문 강독에 큰 도움이 될 것이다.

5. 기초 문법 파악

헬라어 알파벳을 읽을 수 있고, 신약성경에 자주 사용되는 헬라어 단어들을 암송하기 시작했다면, 이제는 헬라어 기초 문법을 정리해 볼 차례이다. 당신이 '처음으로' 헬라어를 배우려 한다면, 시중에 있는 기초 헬라어 문법책을 제1과부터 끝까지 연습 문제도 모두 풀어 가며, 꼼꼼히 학습하기를 추천한다. 하지만 이미 배운 적이 있는데 지금은 '아무것도 생각이 나지 않는' 경우라면, 이 책의 순차를 따라 문법을 정리해 보기를 권한다. 물론, 당신이 처음 헬라어 문법을 배우는 경우라도 이런 방식은 도움이 될 수 있다.

이 책에서 제시하고자 하는 것은, 신약 헬라어 기초 문법을 처음부터 끝까지 차근차근 설명하려는 것이 아니다. 단지 그 기초 문법의 '핵심적 구조'를 일목요연하게 제시하고, 그 핵심 구조의 원칙들을 이해하는 데 필요한 설명을 하는 것이다. 예컨대, 당신이 그 전체를 파악하려는 어떤 산(山)이 있다 하자. 그 목적을 위해 당신은 그 산을 맨 아래쪽에서부터 올라가며, 여러 오솔길과 산등성이를 구석구석 살피면서 정상까지 이를 수 있다.

하지만 다른 방법도 있다. 즉, 산 정상으로 드론을 띄워서 산 전체를 조망해 보고, 그 정상으로부터 갈라져 내려가는 여러 갈래의 길을 파악함으로써 한눈에 산을 파악할 수도 있다. 신약 헬라어 기초 문법을 정리해 보려 할 때 이 책이 택하는 방식은 후자이다. 먼저 헬라어 문법 체계의 전체 그림을 보여 주고, 그 큰 줄기와 중요한 지점들을 파악하고 숙지하도록 도와줌으로써, 그 핵심적인 맥들을 잡아 주려는 것이다. 물론, 그 산 구석구석을 돌아보며 세부적인 모습들까지 온전히 파악하는 것은 당신에게 맡겨진 과제이다. 이제 헬라어 기초 문법의 핵심적인 구조를 보여 주는 전체 지도를 그려 보면, 아래와 같다.

6. 헬라어 기초 문법의 핵심 구조

A. 헬라어 변화에는 크게 보아서, 명사 변화와 동사 변화의 기본 패턴이 있다.

B. 명사 변화에는, 제1변화와 제2변화, 그리고 제3변화의 패턴이 있다.

1) 제1, 2변화 패턴은 정관사, 형용사, 인칭 대명사, 지시 대명사의 변화를 지배하고, 또한 분사의 여성 변화를 지배한다.

2) 제3변화 패턴은 분사의 남성과 중성을 지배한다.

C. 동사 변화는, 현재 변화와 미완료 변화가 기본 패턴이다.

1) 현재 변화 패턴은, 미래 변화를 지배한다.

2) 미완료 변화 패턴은, 부정과거 변화를 지배한다.

3) 완료 변화의 능동태는 미완료 변화를, 중간태/수동태는 현재 변화를 따른다.

D. 동사 변화에는 시제, 태, 법의 변화가 있다.

1) 시제(tense) 변화의 사인들(signs)

a. 현재 / 기본형

b. 미완료 / ἐ -

c. 부정과거 / ἐ - σα -

d. 미래 / - σ -

e. 완료 / 중복된 접두어

2) 태(voice) 변화의 사인들

a. 능동태 / 기본형

b. 수동태 / θη

c. 중간태 / μαι, μην, μεν (분사)

3) 법(mood) 변화의 사인들

a. 직설법 / 기본형

b. 가정법 / 기본형의 모음을 '길게 늘인'(lengthened) 것이 특징

c. 명령법 / - ἐ - ετε (2인칭) 또는, - ετω, - ετωσαν (3인칭)

d. 희구법 / - οι -

4) 동사의 활용

a. 부정사(infinitive) - ειν, - αι

b. 분사(participle) - 제3변화 명사 패턴이 지배 (남성, 중성)

이 도표를 기억해 두자. 앞으로 설명할 헬라어 기초 문법의 핵심 구조이다. 이 내용을 지금 자세히 설명할 수는 없고, 그럴 필요도 없다. 일단, (i) 헬라어에서 명사와 동사는, 한글과는 다르게 상당히 많이 변화한다는 사실을 받아들이자. 하지만 중요한 점은, (ii) 명사의 변화가 나머지 여러 품사의 변화를 지배한다는 사실 때문에, 명사의 제1변화, 제2변화, 그리고 제3변화만 주목해서 기억해 두면, 나머지 품사들의 변화는 쉽게 이해할 수 있게 된다는 것이다.

동사도 변화하는데, (iii) 현재 변화와 미완료 과거 변화가 기본이다. 동사의 현재 변화가 미래와 완료 변화를 지배하고, 미완료 변화가 부정과거 변화를 지배하기 때문이다. 완료 변화는 능동태에서는 기본적으로 미완료 변화의 패턴을, 중간태와 수동태에서는 현재 변화의 패턴을 따라간다. 그다음, (iv) 동사는 시제(tense)뿐 아니라, 태(voice)나 법(mood)에 따라 변화하는데, 각기 변화하는 형태에 일정한 사인(sign)이나 패턴이 있다. 이런 특징들을 기억해 두면, 신약성경 헬라어를 읽을 때 이해하고자 하는 단어의 형태를 비교적 쉽게 분간할 수 있게 된다. 〈헬라어 기초 문법의 핵심 구조〉의 내용을 단계적으로 차근차근 살펴보도록 하자.

7. 명사 변화의 개요

헬라어가 한글보다 어렵다고 느껴지는 이유 중 하나는, 명사마다 따로 암기해야 할 고유의 '문법적인 성(性)' 곧 '젠더'(gender)가 있어서이다. 예를 들어, 우리말에서 '아버지'는 굳이 '남성'이라는 성을 규정해서 따로 기억하지 않는다. 하지만 헬라어에서 '아버지'를 뜻하는 πατήρ(파테르)는 남성으로 명확히 규정되어 있고, 남성 명사 어미변화에 따라 변화한다.

a. 문제는 단어마다 '문법적으로 정해진 성(젠더)'을 확인해야 한다는 것이다. 예컨대 πατήρ(아버지)의 경우에는 현실에서도 남성이라는 이미지가 쉽게 떠오르지만, 헬라어의 명사 중에는 현실적으로는(또는, 생물학적인 성[sex]적으로는) 그렇게 느껴지지 않는 경우가 있고, 더구나 추상적인 명사인 경우에도 헬라어에서는 남성, 여성, 중성 중 하나의 '문법적인 성(gender)'을 결정해서 부르기 때문이다.

예를 들면, '여인, 여자'를 뜻하는 γυνή(구네)는 문법적으로도 '여성'이지만, 사람의 '발'을 뜻하는 πούς(푸스)는 문법적으로 '남성'이며, '아이'를 뜻하는 παιδίον(파이디온)은 '중성'이다. 또한, 추상명사로서 '진리'를 뜻하는 ἀλήθεια(알레떼이아)는 '여성'으로 규정되어 있다. 이처럼 헬라어 명사들의 문법적 성은 대체로 '생물학적 성(sex)'과 상응하지만, 꼭 그렇지 않은 경우들도 많다. 특히 추상명사의 경우에는 '생물학적인 성'과 직접 연관 지을 수 없는 경우가 대부분이다.

b. 그래서 헬라어에서는, 명사를 암기할 때마다 그 '문법적인 성'을 확인해야 한다. 그러므로 한 단어를 암송할 때, 그 앞에 문법적으로 남성을 지칭하는 관사(冠詞, article)인 ὁ(호), 또는 여성을 지칭하는

관사인 ἡ(헤), 또는 중성을 가리키는 관사인 τό(토)를 붙여 암송하는 것도 좋은 방법이다. 이를테면 '생명'을 의미하는 명사 ζωή(조에)를 암기할 때, 처음부터 ἡ ζωή(헤 조에)로 기억하는 것이다.

c. 이렇게 명사를 암기할 때 문법적 성을 표시하는 관사를 확인해야 하는 이유가 있다. 즉, 명사는 단수냐 복수냐에 따라 어미가 달라질 뿐 아니라, 격(格, case)에 따라 즉, 1격(또는, 주격), 2격(또는, 소유격), 3격(또는, 여격), 그리고 4격(또는, 목적격)에 따라 변화하는데, 이 변화는 해당 명사의 문법적 성에 따라 다른 패턴으로 변화한다.

d. 격 변화에서, 1격(주격)은 주어로 사용되는 경우이다. 2격(소유격)은 소유의 관계뿐 아니라 기원(origin), 부분, 분리, 동격, 더 나아가서 실질적 주격이나 목적격의 관계를 나타내기도 할 만큼 풍성한 의미가 있다. 3격(여격)은 '…에게'라는 증여뿐 아니라 수단의 관계도 표현할 수 있다. 4격(목적격)도 동사의 행동이 미치는 대상을 표시할 뿐 아니라, 부정사(Infinitive)와 결합하여 주어의 구실을 할 수도 있다. 자세한 내용은, 제2부 "구문론의 규칙"에서 'X. 격(格, Cases)의 구문론' 항목을 참조하라.

8. 명사의 제1변화, 제2변화 패턴

명사의 성에는 남성, 여성, 중성이 있는데, 이 중에서 여성 명사는 '제

1변화 명사'의 어미변화를 따르며, 남성, 중성 명사는 '제2변화 명사'의 어미변화를 따른다. 그리고 어근(語根)의 변화를 동반하며 남성, 여성, 중성 모두에 걸쳐 비교적 변화가 심한 명사를 '제3변화 명사'로 분류한다.

중요한 점은, 앞의 〈헬라어 기초 문법의 핵심 구조〉(제1부 6항)에서 밝힌 대로 명사의 제1, 2변화 패턴은 정관사, 형용사, 인칭 대명사, 지시 대명사의 변화를 지배한다는 원칙이다. 이를 활용하기 위해서는 우선, 아래의 제1변화 명사 어미변화(여성)와 제2변화 명사 어미변화(남성, 중성)와 같이 단어의 '어미만 규칙적으로 변화'하는 패턴을 암기해 두어야 한다.

제1변화 명사 어미(여성)	단수	복수
1격	-α	-αι
2격	-ας	-ων
3격	-ᾳ	-αις
4격	-αν	-ας

제2변화 명사 어미(남성)	단수	복수
1격	-ος	-οι
2격	-ου	-ων
3격	-ῳ	-οις
4격	-ον	-ους

제2변화 명사 어미(중성)	단수	복수
1격	-ον	-α
2격	-ου	-ων
3격	-ῳ	-οις
4격	-ον	-α

a. 제1변화 명사 어미(여성)는, -α로 끝나는 형태 외에 -η로 끝나는 형태가 있다. 격에 따른 변화는 단수에서, -η(1격), ης(2격), ῃ(3격), ην(4격)으로 -α 패턴과 동일하며, 복수 변화는 같다. 그래서 일단 -α로 끝나는 형태의 기본 패턴을 암기해 두면 된다. 여기서 이 어미들이 실제로 어떻게 발음되는지가 아니라, 어미변화를 '문자적으로 기억하는 방식'으로 암송해야 한다. 이처럼 단수 1, 2, 3, 4격까지, 그리고 복수 1, 2, 3, 4격까지 연이어, "아, 아스, 아, 안 / 아이, 오온, 아이스,

아스"로 반복해서 발음하며 입에 저절로 붙을 때가지 암기해 두자.

예를 들면, βασιλεία(바실레이아)는 여성이며 '나라, 왕국'이라는 뜻인데, 단수 1, 2, 3, 4격은 βασιλεία(바실레이아), βασιλείας(바실레이아스), βασιλείᾳ(바실레이아), βασιλείαν(바실레이안)으로 변화하고, 복수 1, 2, 3, 4격은 βασιλείαι(바실레이아이), βασιλειῶν(바실레이오온), βασιλείαις(바실레이아이스), βασιλείας(바실레이아스)로 변화한다. 여기서, 명사가 -ας로 끝나는 경우에 그 형태만으로는 여성 단수 2격인지 복수 4격인지를 확정할 수 없으므로, 앞뒤의 문맥에 나타나는 동사나 다른 품사들과의 관계를 살펴서 결정해야 한다는 점을 기억해 두자.

b. 또한, -η로 끝나는 형태는 "에, 에스, 에, 엔 / 아이, 오온, 아이스, 아스"로 변화하는데, -α의 경우와 동일한 패턴으로 변화한다. 실제 헬라어 본문을 읽을 때 명사로 보이는 어떤 단어가 나타나면, 이렇게 미리 암기해 둔 '명사 변화의 패턴'에 근거해서 그 어미의 형태를 확인하여 그 명사가 여성인지 아닌지, 단수인지 복수인지, 1, 2, 3, 4격 중에 어떤 것인지를 판별하는 연습을 해야 한다.

c. 어느 언어이든지 문법에는 기계적이고 획일적으로, 절대적으로 적용되는 법칙은 거의 없다. 예외가 있기 마련이니 당황하지 말자. 여기서도 한 가지 기억해 둘 것은, 제1변화 명사에서 -α로 끝나는 패턴이 -η로 끝나는 패턴과 단수 2, 3격에서 뒤섞이는 경우가 간혹 있다는 것이다. δόξα('영광', 여성)가 대표적인데, 단수의 격 변화에

서 -α(1격), ης(2격), ῃ(3격), αν(4격)으로 변화한다. 복수 변화는 단수에서처럼 뒤섞이는 영향 없이, "아이, 오온, 아이스, 아스"의 형태로 그대로 변화한다.

d. 제2변화 명사 어미(남성)는 -ος를 기본형(단수 1격)으로 갖는데, 제1변화 명사 어미(여성)의 경우와 비슷한 변화 패턴을 보여 준다. 이 패턴도 단수 1, 2, 3, 4격에서 복수 1, 2, 3, 4격까지 연이어, "오스, 우, 오, 온 / 오이, 오온, 오이스, 우스"가 입에 붙도록 반복해서 발음하며 암기하면, 이런 패턴으로 변화하는 명사가 나타날 때 쉽게 판별할 수 있다.

예를 들어, 남성 명사인 ἄνθρωπος(안뜨로포스, '사람')는 제2변화 패턴을 따라 단수 1, 2, 3, 4격은 ἄνθρωπος(안뜨로포스), ἀνθρώπου(안뜨로푸), ἀνθρώπῳ(안뜨로포), ἄνθρωπον(안뜨로폰)으로, 그리고 복수 1, 2, 3, 4격은 ἄνθρωποι(안뜨로포이), ἀνθρώπων(안뜨로폰), ἀνθρώποις(안뜨로포이스), ἀνθρώπους(안뜨로푸스)로 변화한다. 명사의 끝에 ἄνθρωπε(안뜨로페, '사람아')처럼 -ε이 형태의 어미가 붙는 경우가 있는데, 이는 '호격'(vocative) 즉 누군가를 부르는 형태이다.

e. 제2변하 중성 명사 어미는 -ον을 기본형으로(단수 1격), 제2변화 남성 명사 어미와 유사한 패턴으로 변화한다. 다만, 복수 1격과 4격에서 똑같이 -α로 끝나는 형태를 갖는다는 것이 특이하다. 이번에도, 단수 1, 2, 3, 4격에서 복수 1, 2, 3, 4격까지 연이어, "온, 우, 오, 온 / 아, 오온, 오이스, 아"를 입에 붙도록 반복해서 발음하며 암

기해 두자.

f. 제2변화 명사(중성)의 예로서 '선물'을 뜻하는 δῶρον(도론)의 단수 1, 2, 3, 4격은 δῶρον(도론), δῶρου(도루), δῶρπῳ(도로), δῶρον(도론)으로, 그리고 복수 1, 2, 3, 4격은 δῶρα(도라), δῶρων(도로온), δῶροις(도로이스), δῶρα(도라)로 변화한다. 여기서, 명사가 -ον로 끝나는 경우에 그 형태만으로는 중성 단수 1격인지 4격인지를 확정할 수 없고, -α로 끝나는 경우에도 그 형태만으로는 중성 복수 1격인지 4격인지를 확정할 수가 없다. 이때에는, 해당 명사가 앞뒤의 문맥에 나타나는 동사나 다른 품사들과 어떤 관계에 있는지를 살펴서 판단해야 한다.

9. 정관사 변화

이제, 〈헬라어 기초 문법의 핵심 구조〉(제1부 6항)에서 밝힌 대로 명사의 제1, 2변화 패턴은 정관사의 변화를 지배한다는 원칙을 따라 정관사 변화를 살펴보자. 정관사(definite article)는 예컨대 '그 사람'이라 할 때, '그'라고 한정하는 품사이다. 영어에는 부정(不定)관사 즉 어떤 사물의 정체를 확정하지 않는 표현, 예컨대 'a man' 식의 표현이 있지만, 헬라어에는 특정하지 않는 'man'에 해당하는 표현은 없고, 관사 없이 명사만 사용하여 이를 대치한다.

a. 헬라어의 정관사에는 ὁ(남성), ἡ(여성), τό(중성)가 있고, 격(case)

에 따라서도 변화한다. 중요한 점은 정관사의 변화 패턴이 명사의 제1, 2변화의 패턴을 따라간다는 것이다. 남성인 ὁ의 경우, 단수 1, 2, 3, 4격은 ὁ(호), τοῦ(투), τῷ(토), τόν(톤)으로, 복수 1, 2, 3, 4격은 οἱ(호이), τῶν(토온), τοῖς(토이스), τούς(투스)로 변화하는데, 이런 순차로 반복해서 발음하며 기억해 두자. 단수나 복수에서 2격부터 4격까지 τ(타우)가 붙기는 했지만, 끝부분의 변화는 명사 제2변화의 패턴과 상응한다.

b. 여성 정관사인 ἡ의 경우, 단수 1, 2, 3, 4격은 ἡ(헤), τῆς(테스), τῇ(테), τήν(텐)으로, 그리고 복수 1, 2, 3, 4격은 αἱ(하이), τῶν(토온), ταῖς(타이스), τάς(타스)로 변화하는데, 명사 제1변화와 비교하면 τ(타우)를 포함해서 다른 점들이 보이지만, 여성 명사 변화가 여성 정관사의 변화 패턴을 지배하는 것을 볼 수 있다.

c. 중성인 τό(토)의 경우는, 단수 1, 2, 3, 4격은 τό(토), τοῦ(투), τῷ(토), τό(토)로, 그리고 복수 1, 2, 3, 4격은 τά(타), τῶν(토온), τοῖς(토이스), τά(타)로 변화한다. 역시 τ(타우)를 포함해서 다른 점들이 있기는 하지만, 명사 제2변화의 패턴이 지속됨을 볼 수 있다. 주의할 점은, 단수와 복수 2, 3격에서 모두, 남성과 중성 정관사 변화가 똑같다는 점이다. 이럴 때에는 그 단어의 성을 확인하거나, 문맥 안에서 연관되는 다른 품사들을 보고 판단할 수 있다.

10. 형용사 변화

형용사는, 명사나 명사의 역할을 하는 품사를 수식하는 역할을 한다. 형용사는 그 자체로서 '문법적인 성'(gender)이 결정되어 있지 않고, 그것이 수식하는 명사의 성과 격을 따라 변화한다. 그렇기 때문에, 문장 안에서 형용사가 무엇을 수식하는지를 보려면, 그 형용사의 어미변화와 일치하는 명사 또는 명사의 역할을 하는 품사의 변화를 확인해 보면 되는 것이다. 형용사의 변화는 앞서 언급한 대로, 명사 제1, 2변화의 지배를 받는다.

예를 들어 ἀγαθός(아가또스, '좋은, 선한, 아름다운')라는 형용사가 남성 명사를 수식하는 경우에는 명사의 제2변화 패턴을 따라, 단수 1, 2, 3, 4격은 ἀγαθός, ἀγαθοῦ, ἀγαθῷ, ἀγαθόν으로, 복수 1, 2, 3, 4격은 ἀγαθοί, ἀγαθῶν, ἀγαθοῖς, ἀγαθούς로 변화한다('어미변화'를 주목해서 보라). 마찬가지로, 여성 명사를 수식하는 경우에는 명사의 제1변화 패턴을 따라 변화하고, 중성 명사를 수식하는 경우에는 제2변화 패턴의 중성 명사 변화를 따라 변화한다.

a. 헬라어의 형용사의 기능에 관해서는 기본적으로 네 가지 용법을 기억해 두자: (i) 형용적 용법, (ii) 서술적 용법, (iii) 관사 없이 쓰이는 경우, 그리고 (iv) 명사처럼 쓰이는 경우이다. 형용사의 '형용적' 용법이란 형용사가 명사를 수식하는 경우이고, '서술적' 용법이란 종종 '…이다'와 같은 보조적인 동사와 함께 사용되어 그 명사에 관해 설명하는 경우이다.

헬라어의 경우, 서술적 용법으로 사용되는 형용사는 '…이다'(영어로, be 동사)와 같은 보조적인 동사 없이도 혼자서 명사를 서술할 수 있다. 그러니까 형용사와 명사만 나오는 경우, 그 형용사가 '형용적' 용법인지 '서술적' 용법인지를 분간해야 필요가 생긴다.

예를 들면 ὁ ἀγαθός ὁ λόγος는 '좋은 말씀'이라는 뜻인데, 문장 안에서 순서를 바꾸어서 ὁ λόγος ὁ ἀγαθός로도 쓸 수 있다. 헬라어는 기본적으로 문장 안에서, 단어의 위치가 고정되어 있지 않음을 기억해 두자(단, 앞에 나오면 강조의 뜻을 가질 수 있다). 또한 명사에 정관사가 없는 경우, 즉, ὁ ἀγαθός λόγος나 λόγος ὁ ἀγαθός의 경우에도, 일단 형용사 앞에 정관사가 붙어 있으면 그 형용사는 형용적으로 사용된 것으로 판단할 수 있다.

b. 이와 대조적으로, 형용사의 '서술적' 용법의 경우에는 형용사 앞에 정관사가 붙지 않는다. 예를 들어 ὁ λόγος ἀγαθός이나 ἀγαθός ὁ λόγος와 같은 문장에는 ἀγαθός 앞에 정관사가 없기 때문에 이는 형용사가 서술적으로 사용된 경우로서 보조동사 '…이다'가 생략된 것으로 간주하고 '그 말씀은 좋다'라고 해석한다.

c. 흥미로운 점은, 명사와 형용사 모두에 정관사가 없이 나오는 경우인데, 이럴 때 형용사는 형용적일 수도 있고 서술적 의미일 수도 있다. 예컨대 λόγος ἀγαθός나 ἀγαθός λόγος라고 되어 있다면, '좋은 말씀' 또는 '말씀이 좋다' 중 어느 쪽으로도 해석할 수 있다. 앞에 위치한 단어에, 말하는 이의 강조점이 있을 수 있다는 점도 기억해 두자.

d. 마지막으로, 형용사가 그 모양을 바꾸지 않은 채로 명사처럼 쓰이는 '독립적 용법'이 있다. 대체로 정관사와 함께 나타나지만, 정관사 없이도 명사처럼 쓰이는 경우이다. 예를 들어 ὁ ἀγαθός나 그저 ἀγαθός라고만 써도, 형용사인데 명사처럼 '좋은 남자/사람'을 의미할 수 있다. 여성형으로 ἀγαθή라 하면, '좋은/아름다운 여성'을 의미할 수 있다. 만일 중성 복수 3격을 써서 ἀγαθοῖς라 했다면, '아름다운 것들에게'라고 해석할 수 있을 것이다.

e. 또한, 그저 ἀγαθα라는 형용사가 나왔고 명사적 용법으로 사용되었다면, 그 의미는 '아름다운 것들이'(중성 복수 1격)이나 '아름다운 것들을'(중성 복수 4격) 중 하나일 것이다(참조. 명사 제2변화[중성] 변화). 그러므로 문장 안에서 어떤 형용사가 나왔다면, 이러한 모든 가능성들을 염두에 두고, 그 문장 안에서 다른 품사들과의 관계를 확인한 후에, 그 형용사가 최종적으로 어떤 용법으로 사용되었는지를 판단해야 한다.

11. 인칭 대명사 변화

인칭 대명사란 사람을 가리킬 때 대신 사용하는 명사이다. 예컨대 1인칭 대명사는 '나는, 나의, 나에게, 나를', 이런 식으로 변화한다. 또한, 2인칭은 '너는'이 1격(주격)이고, 3인칭에서는 '그는, 그녀는, 그것은'이 1격(주격)이다.

a. 먼저 3인칭 대명사의 변화를 살펴보자. 기억해 둘 것은, 〈헬라어 기초 문법의 핵심 구조〉에서 밝힌 대로 명사의 제1, 2변화 패턴이 3인칭 대명사의 변화를 지배한다는 원리이다. 3인칭 남성 대명사의 경우, 단수 1, 2, 3, 4격은 αὐτός(그가), αὐτου(그의), αὐτῳ(그에게), αὐτόν(그를)으로 변화하고, 복수 1, 2, 3, 4격은 αὐτοί(그들이), αὐτῶν(그들의), αὐτοῖς(그들에게), αὐτούς(그들을)로 변화한다. 어근인 αὐτ–만 빼면 모두 제2변화 남성 명사의 경우와 같은 패턴이다.

b. 여성 3인칭 대명사는 αὐτή인데, 단수 1, 2, 3, 4격은, αὐτή(그녀는), αὐτῆς(그녀의), αὐτῇ(그녀에게), αὐτήν(그녀를)으로 변화하고, 복수 1, 2, 3, 4격은, αὐταί(그녀들이), αὐτῶν(그녀들의), αὐταῖς(그녀들에게), αὐτάς(그녀들을)로 변화한다. 제1변화에서 –η로 끝나는 여성 명사 변화와 같은 패턴을 따른다.

c. 중성 3인칭 대명사는 αὐτό인데, 단수 1, 2, 3, 4격은 αὐτό(그것이), αὐτοῦ(그것의), αὐτῳ(그것에게), αὐτό(그것을)로 변화하고, 복수 1, 2, 3, 4격은 αὐτά(그것들이), αὐτῶν(그것들의), αὐτοῖς(그것들에게), αὐτά(그것들을)로 변화한다. 단수 1, 4격에서 끝에 –ν(뉘)가 없는 것이 다르지만, 복수 3격의 어미가 –αις가 아니라 οις인 것을 보면, 제2변화 중성 명사 변화 패턴과 일치함을 알 수 있다.

d. 1인칭 대명사의 단수 1, 2, 3, 4격은 ἐγώ(내가), ἐμοῦ 또는 μου(나의), ἐμοί(나에게), ἐμε, 또는 με(나를)이고, 복수 1, 2, 3, 4격은 ἡμεῖς(우리

는), ἡμῶν(우리의), ἡμῖν(우리에게), ἡμᾶς(우리를)이다. 이것은 명사 제1, 2 변화와 유사한 패턴이지만 어근 자체가 변하는 경우가 있어서, 단수 1격부터 복수 4격까지 순차대로, "에고, 에무, 에모이, 에메 / 헤메이스, 헤모온, 헤민, 헤마스"를 반복해서 읽으며 암기해야 한다.

e. 2인칭 대명사의 단수 1, 2, 3, 4격은 σύ(당신이), σοῦ(당신의), σοί(당신에게), σέ 또는 σε(당신을)이고, 복수 1, 2, 3, 4격은 ὑμεῖς(당신들은), ὑμῶν(당신들의), ὑμῖν(당신들에게), ὑμᾶς(당신들을)이다. 이는, 1인칭 대명사의 어미변화의 패턴과 일치한다. 단수 1격부터 복수 4격까지 순차대로 "수, 수우, 소이, 세 / 휘메이스, 휘모온, 휘민, 휘마스"를 입에 붙도록 반복해서 암기해야 한다. 1인칭 복수는 첫 글자가 ἡ-(헤)로 시작하고, 2인칭 복수는 ὑ-(휘)로 시작하는데, 혼동되기 쉬우니 주의하자.

f. 문장 안에서 대명사는, 그것이 가리키는 명사의 성(남성, 여성, 중성)과 수(단수, 복수)에 일치한다. 하지만, 격(case)은 서로 다를 수 있다. 예를 들어, 단수 1격인 ἡ ἐκκλησία(헤 에클레시아 = '그 교회가')를 가리키는 여성, 단수, 대명사는 1격인 αὐτή(그것이 = '그 교회가')뿐 아니라, 용도에 따라 얼마든지 2격인 αὐτῆς(그것의 = '그 교회의')나, 3격인 αὐτῇ(그것에게 = '그 교회에게'), 그리고 4격인 αὐτήν(그것을 = '그 교회를')으로도 쓰이는데, 지칭하는 여성 명사를 대신하면서 동시에 격의 변화를 통해 그 격에 맞는 의미를 전달한다.

g. 여기서 3인칭 남성 대명사인 αὐτός(그가)에 관해 기억해 두어

야 하는 용법이 있다. 사실 αὐτός는 3인칭 남성 주격 대명사이지만, 그 본연의 역할로는 잘 사용되지 않는다. 그 대신, (i) 명사와 함께 그 '자체'(self)를 강조할 때, (ii) '바로 그'(the same)의 의미로서, 함께 쓰이는 명사를 강조할 때, 그리고 (iii) 인칭 대명사의 '주격을 강조'할 때도 사용된다.

예를 들면, αὐτός ὁ ἀπόστολος는 '그 사도 자신이'(the apostle himself)라는 의미이고, ὁ αὐτός ἀπόστολος는 '바로 그 사도'(the same apostle)라는 뜻이며, αὐτὸς ἐγώ는 '나 자신이'(I, myself)라는 뜻이다. 유사하게, 동사인 λέγω는 '나는 말한다'라는 뜻인데(나중에 배우겠지만, 동사의 기본형 안에 1인칭 주격 어미인 -ω가 포함되어 있다), 만일 αὐτὸς λέγω라고 했다면 이는 '그가 말했다'가 아니라, 동사 안에 있는 1인칭의 1격을 강조하는 αὐτός 때문에 '(다른 사람이 아닌, 바로) 나 자신이 말한다'라는 뜻이 된다.

12. 지시 대명사 변화

지시 대명사란, 무엇을 가리킬 때 명사 대신 사용되는 품사이다. '이것, 저것'으로 부를 때 사용한다. '이것'에 해당하는 헬라어 지시 대명사는 οὗτός(후토스)이고, '저것'에 해당하는 지시 대명사는 ἐκεῖνος(에케이노스)이다. 지시 대명사도 그것이 가리키는 명사의 성, 수, 격에 따라 함께 변화하는데, 〈헬라어 기초 문법의 핵심 구조〉에서 밝힌 대로, 원칙적으로 명사의 제1, 2변화 패턴을 따른다.

a. 남성, 단수, 1격 지시 대명사인 οὗτός는, 단수 1, 2, 3, 4격에서 οὗτός, τούτου, τούτῳ, τοῦτον으로 변화하며, 복수 1, 2, 3, 4격에서는 οὗτοι, toύτων, τούτοις, τούτους로 변화한다. 단수와 복수 1격 이외의 모든 변화에서 앞에 τ(타우)가 붙는 것을 제외하면, 나머지는 명사 제2변화(남성)의 패턴과 일치한다.

b. οὗτός의 여성, 단수, 1격은 αὕτη(하우테)이고, 단수 1, 2, 3, 4격에서 αὕτη, ταύτης, ταύτῃ, ταύτην으로 변화하며, 복수 1, 2, 3, 4격에서는, αὗται, τούτων, ταύταις, ταύτας로 변화한다. 단수와 복수 1격 이외의 모든 변화에서 앞에 τ(타우)가 붙는다는 점, 그리고 복수 2격이 τούτων으로서 남성 복수 2격과 같은 형태라는 점을 제외하면, 나머지는 명사 제1변화(여성)의 패턴에 상응한다.

c. οὗτός의 중성, 단수, 1격은 τοῦτο(투토)이고, 단수 1, 2, 3, 4격에서 τοῦτο, τούτου, τούτῳ, τοῦτο로 변화하며, 복수 1, 2, 3, 4격에서는 ταῦτα, τούτων, τούτοις, ταύτα로 변화한다. 복수 2격이 τούτων으로서 남성 복수 2격과 같은 형태라는 것, 그리고 단수 1격과 4격의 어미에 -ν가 떨어진 것을 제외하면, 나머지는 명사 제2변화(중성) 패턴에 상응함을 알 수 있다.

d. 지시 대명사인 οὗτός와 ἐκεῖνος는 그 자체 안에 대상을 특정하는 의미가 포함되어 있기 때문에, 따로 정관사(definite article)를 쓰지 않는다. 따라서 정관사를 가진 명사와 함께 쓰일 때에도, 지시

대명사는 정관사 없이 그 명사를 지시하는 역할을 한다. 예를 들어 οὗτός ὁ λόγος는 '이 말씀'(1격, 주격)이라는 뜻이며, τὴν ἐκκλησίαν ἐκεῖνας는 '저 교회들을'(4격, 목적격)이라는 의미이다. 이때, 어순이 바뀌어도 의미에는 변화가 없다.

13. 제3변화 명사 패턴

제3변화 명사가 제1, 2변화 명사의 경우와 다른 점은, 어근(語根)이 달라지는 어미변화를 한다는 점이다. 또한 제1변화는 여성 명사의 변화였고 제2변화는 남성과 중성의 변화였지만, 제3변화 명사는 남성, 여성, 중성에 모두 일어난다. 이 두 가지 차이를 기억하자.

a. 제3변화 명사는 단수 2격에서 어근이 달라진 모양이 나오는데, 이렇게 달라진 어근을 가진 형태를 기본으로 해서 어미변화를 한다. 예를 들면, ἐλπίς(엘피스, '소망')는 여성인데, 단수 2격에서 ἐλπιδος가 되고, 단수 1격을 제외하고는, 모두 ἐλπιδ–를 기본으로 어미가 변화한다.

b. 제3변화 명사 변화를 기억해 두어야 하는 중요한 이유는, 이 패턴이 나중에 배울 분사(participle) 변화 패턴을 지배하기 때문이다. 제3변화 명사는 주로 중성이 많은데, 여성이나 남성의 경우도 대체로 같은 패턴으로 변화한다. 대표적으로, 제3변화 중성 명사인

τό πνεῦμα(프뉴마, '영', spirit)의 어미변화의 패턴을 주목해 보자.

〈제3변화 중성 명사 πνεῦμα의 변화〉

	단수	복수
1격	πνεῦμα	πνεῦματες
2격	πνεῦματος	πνεῦματων
3격	πνεῦματι	πνεῦμασιν
4격	πνεῦματα	πνεῦματα

우선, 제3변화의 특징인 명사의 '어근'이 단수 2격에서부터 시작한다는 것을 알 수 있다. 위의 경우는 πνεῦματ가 제3변화의 어근이 되었다. 그 외에 어미변화는 단수 2격에서부터 시작해서, 앞에 τ(타우)를 붙여 "토스, 티, 타 / (복수) 테스, 톤, 시, 타"로 암기해 두면 편리하다.

이 패턴은 제3변화 남성 명사의 경우에도 대체로 적용된다. 예를 들어, 제3변화 명사인 '통치자'라는 의미의 ἄρχων(아르콘)은, 변화된 어근인 ἄρχον-을 기본으로 해서 단수 1, 2, 3, 4격에서 ἄρχων, ἄρχοντος, ἄρχοντι, ἄρχοντα으로, 그리고 복수 1, 2, 3, 4격에서는 ἄρχοντες, ἄρχοντων, ἄρχονσι(ν), ἄρχοντας로 변화한다. 즉, 단수 2격에서부터 시작하면, 중성 복수 4격이 '타스'로 끝난 것 외에는 남성의 경우와 같음을 알 수 있다.

제3변화 여성도, 중성의 경우와 대체로 유사하다. 제3변화 여성 명사인 ἡ γυνή(구네, '여인, 아내')는 단수 2, 3, 4격에서 어근에 τ 대신 κ가 붙어서 γυναικός, γυναικί, γυναῖκα로 변화하고, 복수 1, 2, 3, 4격에서는 γυναῖκες, γυναικῶν, γυναιξί(ν), γυναῖκας로 변화한다.

14. 동사 변화의 표식(1) – 구조 이해

이제, 헬라어의 동사에 관해 살펴보자. 〈헬라어 기초 문법의 핵심 구조〉(제1부 6항)에서 밝힌 대로, 동사 변화에는 현재 변화와 미완료 변화가 기본 패턴이며, 현재 변화의 패턴은 미래 변화를 지배하고, 미완료 변화 패턴은 부정과거, 완료 변화를 지배한다는 대원칙을 기억하면 동사 변화의 전체 구조를 이해할 수 있다. 일단, 동사가 변화하는 기본적인 범주들을 정리해 보자.

시제(time) / 행동의 종류	태(voice)	법(mood)
• 현재, 미래	• 능동태	• 직설법
• 미완료	• 수동태	• 가정법
• 부정과거	• 중간태	• 희구법, 명령법
• 완료	• 데포넌트	• 부정사, 분사

a. 동사는 시제에 따라 현재(presnet), 미래(future), 미완료(imperfect), 부정과거(aorist), 완료형(perfect)으로 분류할 수 있다(참조. 신약에서 과거완료[pluperfect]는 22회 정도밖에 나오지 않는다). 중요한 것은, 헬라어 동사의 시제는 현재 직설법에서 '시간의 시점(時點)'을 나타내는 측면이 두드러지지만, 직설법의 경우를 포함해서 그 외에 가정

법, 명령법, 희구법, 부정사, 분사 등의 변화에서는 모두 시간의 시점이 아니라 '행동의 종류'(*Aktionsart*, 악치온자르트)를 가리킨다는 점이다(참조. "부록 1. 동사적 관점에 따른 구문 이해").

이렇듯 동사의 시제가 근본적으로 행동의 종류를 가리키는데, 부정과거는 마치 도화지에 한 점(點)을 찍어 표현할 때처럼 단순한 동작 또는 그것 전체를 가리키고, 현재형은 점선(點線)을 그려 놓은 것처럼 반복되거나 지속적인 동작을, 미완료형은 비교적 과거 시점에서 진행되거나 연속되는 동작을 강조한다. 한편, 완료형은 마치 '그어 놓은 선(線)'이 끝나고 '그 뒤를 이어 파동'이 생겨난 것처럼, 동작이 끝났다는 것과 그렇게 끝난 동작의 결과로 어떤 상태가 현재에 지속되고 있다는 사실을 강조한다. 헬라어 동사가 실제 문장 안에서 무엇을 나타내는가 하는 문제는 제2부 "구문론의 규칙"에서 동사에 관련된 조항들을 참조하라.

b. 동사는 태(態, voice)에 따라, 능동적 동작을 표현하는 능동태(active), 동작을 당하는 것을 표현하는 수동태(passive)뿐 아니라, 주어의 동작이 주어 자신에게로 향하는 중간태(middle), 그리고 모양은 수동태나 중간태인데 능동적 동작을 표현하는 데포넌트(deponent)형이 있음을 기억해 두자. 예를 들어 πορεύομαι(포류오마이, '내가 가다')는 중간태의 모양을 가지고, '내가 간다'는 능동적인 동작을 표현하는 데포넌트 동사이다. 자세한 설명은 제2부 "구문론의 규칙"을 참조하여 살펴보며 익히자.

C. 동사는 그 ‘법’(法, mood)에 따라, 사실을 있는 대로 표현하는 직설법(indicative), 그리고 있을 수도 있거나 있지 않은 상황을 가설적으로 표현하는 가정법(subjunctive), 또한 실현 가능성을 희망하는 희구법(optative)과 명령하는 상황을 표현하는 명령법(imperative)이 있다. 그 외의 동사 활용 방식으로서, 동사를 동사적 기능을 가진 명사나 형용사 또는 부사로 활용하기 위해 부정사(infinitive)와 분사(participle)의 형태로 만들어 사용하기도 한다.

e. 여기서 중요한 것은, ‘동사의 현재형이 미래형 변화 패턴을 지배하고, 미완료형이 부정과거와 완료형 변화 패턴을 지배한다’는 원칙이다. 이 원칙을 기억하면서, 직설법을 기준으로 현재, 미완료과거, 미래, 그리고 부정과거를 나타내는 동사의 특징적인 표식들(signs)을 아래의 도표로 일목요연하게 요약해 보자.

〈동사 변화의 상징적인 표식들〉

<table>
<tr><th></th><th>능동태</th><th>중간태</th><th>수동태</th></tr>
<tr><td>현재</td><td>−ω</td><td colspan="2">−μαι</td></tr>
<tr><td>미래
−σ−</td><td>σ + ω</td><td>σ + μαι</td><td>θη + σ + μαι</td></tr>
<tr><td>미완료과거
ἐ−</td><td>ἐ − (ν)</td><td colspan="2">ἐ −μην</td></tr>
<tr><td>제1부정과거
ε−σα</td><td>ἐ + σα + (ν)</td><td>ἐ + σα + μην</td><td rowspan="2">ἐ −θη + ν</td></tr>
<tr><td>제2부정과거
ἐ + 줄어든 어간 −</td><td>ἐ + 줄어든 어간
+ ν</td><td>ἐ + 줄어든 어간
+ μην</td></tr>
<tr><td>완료</td><td>중복 어두 + κα +
미완료 어미</td><td colspan="2">중복 어두 + 현재형 어미</td></tr>
</table>

a. 앞의 도표를 한눈에 파악하려면, 동사의 현재 변화가 미래 변화를 지배하고, 미완료과거 변화가 제1부정과거와 제2부정과거를 지배한다는 사실에 주목하면 된다. 현재 변화의 특징은 능동태 1인칭 단수에서 ω로 끝나고, 미래는 현재 변화 패턴을 유지하지만 인칭 변화 어미 앞에 미래 표식인 σ(시그마)가 삽입된 것이 특징이다.

예를 들어, 현재형 λύω(뤼오, '내가 풀다')라는 동사를 알고 있다면, λύσω는 현재형 인칭 어미 앞에 σ가 들어갔으므로 미래형으로 판별할 수 있다. 이렇게 현재형에 σ를 삽입하여 미래형으로 만들 때, 두 문자가 병합되어 표기, 발음되기도 한다. 예를 들어 ἀναβλεπω(내가 바라보다)의 미래형은 ἀναβλεπσω라 쓰지 않고 ἀναβλεψω(아나브렢소)로 쓰고 그렇게 발음한다.

b. 현재형의 경우, 중간태와 수동태의 1인칭 어미는 똑같이 μαι(마이)이다. 미래 중간태에는 인칭 어미 앞에 미래를 표시하는 사인인 σ(시그마)가 들어갔고, 미래 수동태에는 이에 더해 수동적 동작을 나타내는 θη(떼)라는 표식을 기억해 두면 판별하기 쉽다. 또한 도표를 보면, 미래와 부정과거의 경우에만 중간태와 수동태의 모양이 달라지는 것을 알 수 있다.

c. 미완료과거 능동태는, 현재형 앞에 ἐ(엡실론)이 부가되고, 어미에는 기본적으로 ν(뉘)가 첨가되는데 떨어지는 경우도 있음을 기억해 두자. 미완료과거 중간태와 수동태는, 마찬가지로 현재형 앞에 미완료과거의 표식인 ἐ(엡실론)이 부가되고, 동시에 끝에는 현재 중간

태/수동태의 표식인 μαι의 미완료형 인칭 어미인 μην(멘) 패턴을 적용해서 표시한다.

d. 미완료과거가, 부정과거의 변화형을 지배한다는 원칙을 기억하자. 여기서 제1부정과거와는 다르게, 부정과거형에서 '어간 자체가 줄어든 형태'로 변화하는 경우를 제2부정과거로 분류한다. 미완료과거 능동태의 기본 형태는 ἐ-ν이다. 제1부정과거는 이 기본 틀에서 σα가 삽입되어 ἐ + σα + ν가 되고, 제2부정과거는 ἐ + 줄어든 어간 + ν의 형태가 된다.

예를 들어 λύω의 제1부정과거 능동태형은 ἔλυσα이다(악센트 변화로 ἐ가 ἔ가 되었고, 어미에 있어야 할 ν가 떨어져 나간 경우이다).

e. 부정과거에서는 중간태와 수동태에서 각기 형태가 부분적으로 다르다. 미완료과거의 중간태와 수동태의 기본 틀은 ἐ-μην인데, 부정과거 중간태에서는 σα가 첨가되며, 부정과거 수동태에서는 σα 대신 수동태를 가리키는 표식인 θη가 첨가된다. 또한 부정과거 수동태의 인칭 어미는 미완료과거의 능동태 인칭 어미인 ν패턴으로 돌아간다(즉, θη만으로 능동태를 수동태로 만드는 것이다).

f. 완료형은, '이미 완료된' 사건을 언급하지만 동시에 그 완료된 사건이 '현재에 지속적으로' 영향을 미치는 측면을 포함하고 강조한다. 즉, 신약 헬라어의 완료형은 과거와 현재의 의미 모두를 포함하는데, 이런 특징이 완료형의 어미변화에 그대로 반영되어 있다. 즉,

완료형의 인칭 어미변화는 능동태에서는 미완료과거 능동태 패턴을 따르고, 중간태/수동태에서는 [미완료나 부정과거에서와는 다르게] 구분 없이 현재형의 중간태/수동태 변화로 돌아간다는 것을 알 수 있다.

그래서 완료형의 대체적인 특징은, 동사의 앞쪽에 오는 '어두(語頭)가 중복되어' 표시된다는 점, 그리고 미완료과거 능동태 변화를 따르는 완료형 능동태의 경우에는 인칭 어미변화에서, 부정과거의 표식인 σα 대신에 그보다 강한 κα가 온다는 점이다. 다만 완료형 중간태/수동태는 현재형 변화를 따르기 때문에, '중복된 어두'는 그대로 두고 대신 강한 과거를 가리키는 κα라는 표식이 빠진 채로, 현재형 어미로 돌아가 그 행동이 현재에 미치고 있음을 표시한다.

15. 동사 변화의 표식(2) – 행동의 종류와 태

위의 도표에 나타난 동사 변화의 '상징들'과 함께, 이제 '인칭 어미'가 동사 변화의 기본 원리가 되는 현재 능동태, 중간태/수동태 변화와 미완료 능동태, 중간태/수동태에 따라 어떻게 변화하는지 살펴보자.

	현재 능동태	현재 중간태/수동태	미완료 능동태	미완료 중간태/수동태
단수 1인칭	-ω(오)	-μαι(마이)	-ν(은)	-μην(멘)
2인칭	-ειϛ(에이스)	-ῃ(에)	-ϛ(스)	-σο(소)
3인칭	-ει(에이)	-ται(타이)	-ν(은)	-το(토)
복수 1인칭	-ομεν(오멘)	-μεθα(메따)	-μεν(멘)	-μεθα(메따)
2인칭	-ετε(에테)	-σθε(스떼)	-τε(테)	-σθε(스떼)
3인칭	-ουσι(우시)	-νται(은타이)	-[ν](은)	-ντο(은토)

a. 우리말은 '내가 말한다, 당신이 말한다, 그녀가 말하다, 우리가 말한다, 너희가 말한다, 그들이 말한다'의 경우처럼, 동사의 인칭이 바뀌어도 그 어미는 변화하지 않는다. 하지만 헬라어는 인칭에 따라 동사의 어미가 변화한다. 그러므로 기본적인 변화 패턴을 암기해 두어야 한다.

b. 우선, 동사 변화를 지배하는 기본 형태인 현재형과 미완료과거형에서는, 두 경우 모두 '중간태와 수동태'의 구분 없이 동일한 패턴으로 변화한다. 하지만 부차적인 변화 형태 즉, 현재형이 지배하는 미래형이나 미완료형이 지배하는 부정과거형에서는, 중간태와 수동태가 각기 다르게 변화하는 것이 특징이다.

c. 현재 능동태의 인칭 변화 어미는 앞의 도표에 있는 대로 "오, 에이스, 에이 / 오멘, 에테, 우시"의 순서로 암기하자. 현재 중간태/

수동태의 변화는 "마이, 에, 타이 / 메따, 스떼, 은타이"이다. 미완료과거 능동태의 변화는 "은, 스, 은 / 멘, 테, 은"의 순서로 암기하고, ν(뉘)는 복수 3인칭에서 떨어져 나갈 수 있다는 것을 함께 기억해 두자. 미완료과거 중간태/수동태는 "멘, 소, 토 / 메타, 스떼, 은토"의 순서로 반복해서 읽으며 암기하자.

여기서, 영어의 be 동사에 해당하는 헬라어 εἰμι(에이미, '나는 …이다') 동사의 변화를 짚고 넘어가자. 도표에서 설명한 기본 패턴을 따르지만 다른 점도 있어서 여러 번 눈에 익혀 둘 필요가 있다: (i) εἰμι의 현재 직설법의 인칭에 따른 변화는 1인칭 단수부터 2인칭 단수, 3인칭 복수/그리고 1인칭 복수, 2인칭 복수, 3인칭 복수까지 순서대로 εἰμι, εἶ, ἐστι[ν] / ἐσμέν, ἐστε, ἐισί[ν](에이미, 에이, 에스티[틴] / 에스멘, 에스테, 에이시[신])이다; (ii) 미완료과거 변화는 ἤμην, ἦς, ἦν / ἦμεν, ἦτε, ἦσαν(에멘, 에스, 엔 / 에멘, 에테, 에산)이다.

d. 헬라어 동사의 부정과거 중간태는, 제1부정과거인 경우에는 부정과거 표식인 σα를 가진 채로 미완료과거 중간태/수동태의 인칭 어미변화 패턴을 그대로 따른다. 제2부정과거 중간태는 σα 대신에 '줄어든 어간'을 특징으로 가지며 미완료과거 중간태/수동태의 인칭 어미변화 패턴을 따라간다.

e. 부정과거 수동태는, 부정과거 표식인 σα 대신에 미완료과거 능동태형에 수동태 표식인 θη를 삽입한 형태이며, 미완료과거 능동태 어미변화 패턴을 따른다. 다만, 3인칭 복수에서는 단순히 ν(뉘)가

아니라 σαν(산)의 형태를 가진다는 점을 기억해야 한다.

f. 앞의 변화들을 서로 비교하며 암기해 두면 각각의 경우에 어떤 패턴으로 변화하는지 감을 잡을 수 있고, 실제 이런 변화를 가진 동사가 나올 때 그 형태를 보고 시제와 태를 구분할 수 있게 된다.

예를 들어 ἐλύετε라는 동사의 경우, 앞에 붙은 접두어 ἐ를 제거한다면 기본형은 λύω(내가 풀다)임을 추정할 수 있다. 접두어 ἐ는 미완료과거형이거나 미완료과거형이 지배하는 부정과거형을 가리키는 표식인데, 부정과거형의 상징적인 표식인 σα가 포함되지 않았으므로 부정과거형은 아니라고 볼 수 있다. 그리고 끝에 인칭 어미 ετε가 붙어 있으므로, 미완료과거형 능동태 어미변화인 "은, 스, 은 / 멘, 테, 엔"을 암기하고 있다면 2인칭 복수형임을 확인할 수 있다.

유사한 방식으로 분해하면 ἐλύθημεν은 λύω 앞에 ἐ가 붙어 있고 부정과거 표식인 σα가 없으므로 미완료과거형이거나 부정과거 수동태일 수 있다. 그런데 명확하게 수동태 표식인 θη가 있으므로 이는 부정과거 수동태임을 알 수 있다. 또한, 부정과거 수동태는 미완료 능동태의 인칭 어미변화를 따라가므로 "은, 스, 은 / 멘, 테, 엔"을 암기하고 있다면 1인칭 복수 어미임을 알 수 있게 된다.

또한 ἐλύσατο의 경우는, 미완료형이나 부정과거 표식인 접두어 ἐ를 제외하면 λύω 동사가 원형임을 알 수 있다. 여기에 부정과거 표식인 σα가 포함되었고, 인칭 어미는 미완료 중간태/수동태 변화인 "멘, 소, 토 / 메따, 스떼, 은토" 중에 '토'(το)에 해당함으로, 결국 이 형태는 미완료 중간태 3인칭 단수임을 알 수 있다.

완료형의 경우, 그 특징은 어두가 중복되어 표기되는 경향이 있다는 점, 그리고 인칭 어미에서 부정과거의 표식인 σα보다 강한 κα가 온다는 점을 기억하면 편리하다. 완료형의 인칭 어미변화는 능동태에서는 미완료과거의 능동태 변화를, 중간태/수동태에서는 현재 중간태/수동태 변화를 따른다.

예를 들어 λελύκας는 원형인 λύω의 어두에 λύ가 중복되어 λελύ가 되어 있고, 어미 부분에는 κα가 나타나는 것으로 보아, 완료형임을 짐작할 수 있다. 또한 인칭 어미는 ς(스)로 끝나는데, 이는 미완료과거 능동태 변화 패턴인 "은, 스, 은 / 멘, 테, 은"에서 두 번째인(스) 2인칭 단수 어미와 일치함을 알 수 있다.

또한, λελύνται의 경우, 마찬가지로 원형인 λύω의 어두에 λύ가 중복되어 λελύ가 되어 있어서 완료형이 분명한데, 어미 부분에는 κα가 빠져 있는 것, 그리고 인칭 어미가 νται로서 현재형 중간태/수동태 변화인 "마이, 사이, 타이 / 메따, 스떼, 은타이" 중에서 마지막인 '은타이'에 일치하는 것으로 보아, 이는 완료형 중간태/수동태 3인칭 복수로 판별할 수 있게 된다.

16. 동사 변화의 표식(3) – 법, 부정사, 분사

앞에서 살펴본 대로 헬라어 동사는, 시제(time) 또는 '행동의 종류'(*Aktionsart*)에 따라 현재, 미래, 부정과거, 완료(또는, 과거완료 – 신약성경에서 거의 사용되지 않음)로 변화할 뿐 아니라, 능동태, 중간태, 수동태에 따라 변화하기도 한다. 앞서 〈헬라어 기초 문법의 핵심 구조〉(제1부 6항)에서 제시한 헬라어 동사의 "법(mood) 변화에 따른 사인들"을 다시 정리해 보면 다음과 같다.

〈법 변화의 사인들〉

직설법	동사의 기본형
가정법	기본형의 모음을 '길게 늘인'(lengthened) 것이 특징
명령법	− ϵ, −ϵτϵ (2인칭) / −ϵτω, − ϵτωσαν (3인칭)
희구법	−οι−

동사는 직설법, 가정법, 명령법, 희구법처럼 '법'(mood)에 따라 변화하며, 동사이지만 명사처럼 활용되는 부정사(infinitive)나, 동사와 형용사의 기능을 모두 갖춘 채 문법적으로 다양하게 활용되는 분사(participle)의 형태로도 변화한다. 이에 대한 심도 있는 설명은 제2부 "구문론의 규칙"에서 살펴보기로 하고, 여기서는 동사 변화의 형태를 분간할 수 있게 하는 핵심적인 '표식들'(signs)을 확인해 보자.

17. 가정법

a. 가정법(subjective mood)은, 있는 사실을 그대로 진술하는 목적을 가진 직설법에 비해, 가능성이 있든 없든 일어나지 않은 가상적인 일에 관하여 말하고자 할 때 사용된다. 헬라어 가정법을 식별하려면 우선 동사의 인칭 어미 부분의 모음이 직설법의 형태에서 '길

게 늘여져'(lengthened) 있는지 여부를 확인하면 된다. 다음의 도표를 보자.

〈가정법 형태의 판별〉

	능동태	중간태	수동태
현재 가정법	[길어진] ω / ωμεν	[인칭 어미]: ωμαι [단] / ωμεθα [복]	
부정과거 가정법	σ + ω / ωμεν	σ + ωμαι / ωμεθα	θ + ω / ωμεν

가정법 판별	어미의 길어진 모음	+ σα의 유무	+ θη의 유무	+ 인칭 어미 판별

어떤 동사의 형태가 가정법인지 여부를 판별하려면, 우선 그 동사의 기본형에 붙은 인칭 어미의 앞부분이 (주로, ω 또는 η로) '길어져 있는지' 여부를 보아야 한다. 있다면 가정법일 가능성이 높다. 그다음 부정과거 표식인 σα가 있다면 부정과거 가정법이고, 없다면 현재 가정법일 것으로 추정할 수 있다. 그다음, 수동태 표식인 θη가 있다면 부정과거 수동태 가정법인 경우이고, 없다면 현재 가정법 중간태/수동태인 경우이다. 마지막으로, 인칭 어미를 보고 그것이 어떻게 변화하는지에 따라 어떤 인칭, 단수, 복수, 격인지 판별할 수 있다.

예를 들어 λύωμεν의 경우에 λύω가 기본형이고 인칭 어미는 현재형 변화인 "오, 에이스, 에스 / 오멘, 에테, 우시" 패턴에서 '오멘'에 해당함을 알 수 있다. 그런데 잘 살펴보면, 원래는 ομεν인데 앞에 모음이 길어져서 ωμεν으로 변화한 것을 볼 수 있다. 이런 식으로, 가정법은 기본형에서 그 어미의 '모음을 길게 만들어'서 표현하는 것이 특징이다.

b. 현재 가정법의 인칭 어미변화는 능동태의 경우는 미완료변화를, 중간태/수동태의 경우는 현재 변화를 기본 패턴으로 따른다. 즉, (i) 가정법 현재 능동태의 인칭 어미변화는 미완료과거 능동태 변화 패턴(은, 스, 은 / 멘, 테, 은)을 따르고, (ii) 가정법 현재 중간태/수동태의 변화는, 현재 중간태/수동태 변화 패턴(마이, 에, 타이 / 메따, 스떼, 은타이)을 따른다.

또한, (iii) 제1부정과거 가정법의 경우, 능동태는 부정과거 표시인 σα를 포함하여 미완료과거 능동태 변화 패턴을 따른다. 제1부정과거 가정법 중간태 역시 부정과거 표시인 σα를 포함하는데, 중간태이기 때문에 현재 중간태/수동태 변화 패턴을 따른다. (iv) 제1부정과거 가정법 수동태의 경우는 σα 대신 수동태 표시인 θη가 오고, 미완료과거 능동태 변화 패턴을 따른다.

예를 들면 λύητε는, 기본형이 λύω인데 부정과거 표식인 σα나 수동태 표식인 θη가 없고, 또한 앞에 미완료과거 표식인 ἐ가 없으므로 현재형임을 짐작할 수 있다. 그런데 만일 직설법 현재형이라면 "오, 에이스, 에이 / 오멘, 에테, 우시"의 패턴을 따라 2인칭 복수형인 λύετε가 되어야 한다. 하지만 인칭 어미가 ητε가 되어 앞의 '모음이 길어져' 있기 때문에 이는 '가정법' 현재 능동태 2인칭 복수형임을 알 수 있다.

또 예를 들면 λύηται는 기본형인 λύω의 현재 중간태/수동태 변화 패턴인 "마이, 에, 타이 / 메따, 스떼, 은타이"에서 '타이' 즉 3인칭 단수처럼 보이지만, 인칭 어미의 모음이 ηται로 '길어져' 있기 때문에 '가정법' 현재 중간태/수동태로 판정할 수 있다.

이처럼 가정법에서는 인칭 어미의 모음이 '길어진다'는 것, 부정과거 능동태 가정법에서는 직설법에서처럼 σα가 첨가된다는 것을 기억하면, 예컨대 λύσῃς는 가정법 부정과거 능동태 2인칭 단수(미완료 패턴 "은, 스, 은 / 멘, 테, 은"에서 '스')임을 알 수 있다. 또한, 가정법 부정과거 수동태에서는 부정과거 직설법 수동태에서처럼 똑같이 θη가 삽입된다는 것을 기억하면, 예컨대 λύθῶμεν은 동사의 모음이 길어진 가정법 부정과거 수동태 1인칭 복수 형태임을 알 수 있다.

C. 헬라어 가정법에서 현재나 미완료과거 또는 부정과거는 시상(time)을 표현하지 않는다. 그런 가정(假定)이 '언제' 일어나는지는, 그 동사와 연결되어 있는 다른 품사들이나 문맥을 통해 판정할 수 있다. 헬라어의 시상은 현재 직설법의 경우는 다를 수 있지만, 별도로 시점을 특정하기보다는 기본적으로 '행동의 종류'(*Akitionsart*)를 표현한다는 점을 기억하자.

따라서 가정법의 경우, 현재 시제는 그 행동의 '시점'이 아니라 가정하는 그 행동이 '진행, 반복'되는 행동임을 상정하는 것이고, 가정법 부정과거형은 그 행동이 반복의 개념 없이 '단회적'일 때 사용하는데, 그런 가상적인 행동이 '시작되는' 상황을 염두에 둔 것일 수도 있다. 이 외에도 가정법 현재나 부정과거의 용도는 그 의미가 문맥에 따라 다양할 수 있는데, 자세한 용법과 의미는 제2부 "구문론의 규칙"의 해당 부분을 참조하라. 다음의 도표는 가정법의 용례들을 간략히 정리해 보여 준다.

〈가정법의 용례〉

οὐ μή + 가정법	미래에 대한 강한 부정(결코…하지 못할 것이다)
가정법 + 1인칭 복수	권유형(…합시다)
ἐάν + 가정법	미래 조건(…일 것이면)
εἰ + 현재 직설법	실현 가능한 현재 조건(…이면)
εἰ + 미완료과거 직설법	사실과 반대되는 가상적 조건(…했더라면)
ἵνα + 가정법	목적(…하기 위하여)

d. 가정법에서 동사의 의미를 부정(negation)하고자 할 때는 μή를 사용한다. 직설법의 경우에 동사의 의미를 부정하고자 할 때는 οὐ를 사용하는 것과 함께 기억하자. 가정법에서 이 둘을 합쳐 οὐ μή(우 메)로 부정하는 경우는, 그런 일이 '일어날 가능성이 결코 없을'(never) 것이라는 의미이다.

e. 가정법의 1인칭 복수형은 '일어날 법한 일을 권유하는' 의미로 사용된다. 예를 들어 πιστεύσωμεν εἰς τὸν κύριον라는 문장에서 πιστεύσωμεν은, 원형인 πιστεύω(내가 믿는다)와 비교하면 우선 σ(시그마)가 들어 있는 것으로 보아 미래형이거나 부정과거 표시일 수 있음을 알 수 있다. 그런데 인칭 어미가 현재 1인칭 복수형인 ομεν에서 모음이 '길어진' 형태인 ωμεν으로 되어 있기 때문에, 이 형태는 가정법 부정과거 1인칭 복수형으로서 권유의 의미를 담은 '우리가 주를 믿읍시다'의 뜻임을 알 수 있다.

f. 가정법을 사용하지 않고, 조건적인 상황을 표현할 수도 있다. 우리말에서 '만일'(if)에 해당하는 헬라어에는 ἐάν 또는 εἰ가 있는데, 이 중에서 εἰ가 이끄는 절(節)에서 '현재 직설법'을 쓰면 '사실'을 전제하는 조건적 상황을 표현한다. 예를 들어, 광야에서 마귀가 예수님을 유혹할 때 εἰ υἱὸς εἶ τοῦ θεοῦ('네가 하나님의 아들이거든', 마 4:3)이라 한 것은 εἰ를 사용한 가정법이기는 하지만 εἰμι 동사의 현재 가정법 형태인 εἶ를 사용한 경우로서, 마귀 자신도 예수님이 실제로 '하나님의 아들이라는 사실'을 전제로 하고 있음을 표현한다.

이와 대조적으로 εἰ가 이끄는 절에 '미완료과거 직설법'이 사용되면, 이는 사실과는 반대되는 상황을 전제하는 조건절이 된다. 나사로가 죽은 지 사흘 후에, 마르다가 늦게 도착하신 예수님께 εἰ ἦς ὧδε('만일 당신이 여기 계셨다면', 요 11:21)이라 한 경우가 이에 해당한다. 조건절을 이끄는 εἰ가 εἰμί의 가정법 미완료과거 2인칭 단수형인 ἦς를 통해 사실과 반대되는 상황을 가정해서 표현하고 있기 때문이다.

g. 동일하게, '만일'의 뜻을 가진 ἐάν은 언제나 가정법을 사용하여 조건절을 이끈다. ἐάν이 가정법 현재와 함께 사용되면 대체로 앞으로 일어날 반복되는 동작을 가정하는 것이고, 가정법 부정과거와 함께 사용되면 주로 미래의 어떤 행위의 시작이나 일어나는 사건 자체를 가리킨다. 그리고 드물지만 ἐάν이 가정법 미완료과거와 함께 사용되는 경우에는 '앞으로 일정 기간 일어날지도 모르는' 훨씬 더 불투명한 상황을 가정하는 것이다.

예를 들어 ἐὰν μὴ σημεῖα καὶ τέρατα ἴδητε, οὐ μὴ

πιστεύσητε('만일 너희가 표적이나 기적을 보지 않는다면, 너희는 결코 믿지 않으려 할 것이다', 요 4:48)에서 ἴδητε는 가정법 부정과거형으로서 ἐὰν과 함께 장차 일어날 수도 있는 사건을 언급하는데, 가정법에서 동사를 부정하는 μὴ의 수식을 받아 '보지 않는다면'의 의미이다. 또한 가정법 부정과거형으로 쓰인 πιστεύσητε 역시 가정법을 강하게 부정하는 οὐ μὴ와 함께 '결코 믿지 않으려 할 것이다'라는 가정적 상황을 표현한다.

또한 ἐὰν οὖν προσφέρῃς τὸ δῶρόν σου ἐπὶ τὸ θυσιαστήριον('만일 네가 너의 제물을 제단에 가져온다면', 마 5:23)의 경우 ἐὰν과 함께 쓰인 '가져온다'의 의미인 προσφέρῃς는 가정법 현재형 2인칭 단수로서, 언제든 앞으로 반복해서 일어날 수 있는 관습적인 동작을 가리킨다.

h. 한편 ἵνα가 이끄는 절 안에서 가정법이 사용되면, 앞으로 일어날 수도 있는 일이나 상황의 목적인 '…하기 위하여'(in order that)의 의미를 표현한다. 예를 들어 ἵνα δοξασθῇ ὁ υἱὸς τοῦ ἀνθρώπου('사람의 아들이 영화롭게 되기 위하여', 요 12:23)에서 δοξασθῇ는 가정법 부정과거 수동태 3인칭 단수형으로서 ἵνα와 함께 가정적 상황을 통한 목적을 표현한다.

18. 명령법

헬라어 명령법은 당연히 1인칭에는 해당이 없고, 2인칭이나 3인칭에서 사용된다. 어떤 동사가 명령법으로 사용될 때 접두 모음은 따로 없다. 명령법의 상징적인 표식으로서, 대표적으로 현재 능동태 2인칭 명령형의 경우 단수는 -ϵ로, 그리고 복수는 -ϵτϵ로 끝나며, 3인칭의 경우에 단수는 -ϵτω로, 그리고 복수는 -ϵτωσαν으로 끝난다.

예컨대 λύω의 경우, 현재 능동태 직설법 2인칭 단수는 원래 λύϵις(오, 에이스, 에이)인데 그 명령형은 λύϵ이다. 현재 능동태 2인칭 복수는 λύϵτϵ(오멘, 에테, 우시)인데, 이 경우에는 명령형도 그대로 λύϵτϵ의 형태가 된다. 이때는 문맥을 통해 그 의미를 확정할 수밖에 없다. 또한 현재 능동태 3인칭 단수는 λύϵι인데 명령형은 λύϵτω로, 복수는 λύουσι인데 명령형은 λυϵ́τωσαν이다.

a. 신약성경에서 명령법은 거의 현재 시상과 부정과거 시상만이 사용되는데, 현재 시상은 '반복되는 동작'을, 그리고 부정과거(능동태, 중간태, 수동태)는 그런 의미 없이 동작의 '시작' 등을 명령하는 데에 사용된다. 제2부 "구문론의 규칙"에서 해당 항목의 설명을 참조하라.

b. 앞에서 제시한 '명령법 표식들'을 염두에 두고, 동사 변화를 분간하는 연습을 해 보자. λύω의 현재 중간태나 수동태 명령법 3인칭 단수는 λύϵσθω이고 복수는 λύϵσθωσαν이다. 여기서는 명령법 표식인 -ϵτω가 -ϵσθω로 바뀌었음을 알 수 있다. 또한 제1부정과거 중간태 명령형이 λυσάσθω의 경우, 현재 중간태 명령법 3인칭 단수인 λύϵσθω에 부정과거 표식인 σα가 결합된 형태임을 알 수 있다. 또한 λύω의 제1부정과거 능동태 명령법 3인칭 단수는 λυσάτω인데, 부정

과거 표식인 σα와 명령법 표식인 -ετω가 합쳐진 형태임을 알 수 있다. 제1부정과거 수동태는 λυθήτω인데, 수동태 표식인 θη가 각기 명령법 표식인 -ετω와 합쳐져 변형된 형태이다.

c. 명령법 문장의 예로, 선교 대명령으로 알려진 마태복음 28:19에서 οὖν μαθητεύσατε πάντα τὰ ἔθνη(그러므로 모든 민족을 제자 삼으라)에 나오는 동사 μαθητεύσατε는 부정과거 표식인 σα를 포함하고 있고 또한 어미가 -ετε 형태로 끝나는 것으로 보아, 문맥상 부정과거 2인칭 명령법으로서, 이제 그렇게 하기를 시작하라는 총체적이고 엄위한 명령임을 짐작할 수 있다.

d. 명령법에서 동사를 부정함으로써 '…하지 말라'는 의미의 '금지'를 표현하고자 할 때는, 현재 명령법이나 부정과거 가정법에서 명령형 동사 앞에 μή를 붙여서 표현한다. 예를 들면, 요한이서 1:10에서 거짓 가르침을 퍼뜨리는 자에 관하여, μὴ λαμβάνετε αὐτὸν εἰς οἰκίαν καὶ χαίρειν αὐτῷ μὴ λέγετε([너희는] 그를 집에 받아들이지 말고 그에게 인사의 말도 하지 말라)라고 한 경우이다. 또, 데살로니가 3:10에서 εἴ τις οὐ θέλει ἐργάζεσθαι, μηδὲ ἐσθιέτω(만일 누가 일을 하려 하지 않으면, [그로 하여금] 먹지도 말게 하라) 경우에서도 이를 살펴볼 수 있다.

19. 희구법

희구법(optative)은, 넓은 의미에서 가정적 상황에 포함되는 '희망적인 상황'을 표현하는 방식이다. 아직 일어나거나 실현되지 않은 일을 기대하고 희망하는 의미를 전달하고자 할 때 쓰인다. 〈헬라어 기초 문법의 핵심 구조〉(제1부 6항)에서 제시한 대로 희구법을 나타내는 정상적인 표식은 동사의 모음이 -οι- 형태로 변화한다는 것이다.

예를 들어, 영어의 be동사에 해당하는 헬라어 보조동사의 현재 기본형인 εἰμι(나는…이다)는 희구법 현재 능동태 1인칭 단수형에서 οιμι로 바뀐다. 또한, 희구법 현재 중간태/수동태 1인칭 단수에서도 οιμι로 바뀐다. 부정과거형에서는 부정과거 표식인 σα와 합쳐지는데, 부정과거 능동태 1인칭 단수에서는 σαιμι가 되고, 부정과거 중간태 1인칭 단수는 σαιμην으로, 부정과거 수동태는 수동태 표식인 θη와 합쳐져 부정과거 1인칭 단수가 θειην으로 나타나는 식이다.

신약성경에서 희구법은 많이 사용되지 않는다. 희구법의 변화가 복잡한 것 같지만, 인칭 어미변화의 기본 패턴을 알고 있고, 부정과거 표식이나 수동태 표식과 더불어 희구법의 기본 표식인 οι를 기억하면 어렵지 않게 분간할 수 있다. 희구법의 제2부정과거형의 경우는, '줄어든 어간' 때문에 다른 형태가 될 수 있으므로 나올 때마다 확인해 보아야 한다.

예를 들어 Αὐτὸς δὲ ὁ κύριος τῆς εἰρήνης δῴη ὑμῖν τὴν εἰρήνην('그러나 평강의 주께서 친히 너희에게 평강 주시기를 기원하노라', 살후

3:16)의 경우, δῴη는 기본형인 δίδωμι(주다)의 제2부정과거 희구법 능동태 3인칭 단수이다. 어간이 줄어들었고 희구법의 표식인 οι가 합쳐진 형태임을 알 수 있다.

20. 부정사

부정사(不定詞, infinitive)란, 동사를 명사의 형태(동명사)로 만들어 사용하는 것이다. 예를 들어 '듣는다'(hear)라는 동사를 명사 형태로 만들면 '듣기'(hearing)가 되고, '본다'(see)는 동사를 명사 형태로 만들면 '보기'(seeing)가 되는 경우와 같다. 영어에서 동사에 '…ing'를 붙여서 명사 형태로 만들듯이, 헬라어에서는 이처럼 동사를 명사 형태로 만드는 특징적인 어미로서 –ειν과 –αι가 있음을 기억해 두자. 그러므로 헬라어 동사의 끝부분이 –ειν 또는 –αι로 끝나면, 그것이 '부정사'일 가능성을 떠올리고 확인해 보면 된다.

a. 헬라어 동사를 부정사로 만들 때, 현재나 제2부정과거 능동태에서는 그 동사 끝에 어미를 –ειν으로 만들어 사용하고, 중간태와 수동태에서는 –εσθαι를 붙인다. 동사의 제1부정과거형으로 부정사를 만들 때는, 능동태는 부정과거 표시인 σα를 포함한 –σαι를, 중간태는 –σασθαι를, 그리고 수동태에는 –θηναι를 붙인다.

b. 부정사는 동사의 의미를 가지고 있지만 명사 형태로 되어 있

어서 다른 명사처럼 정관사를 취하기도 하는데, 그럴 때는 오직 중성 관사만을 가지며, 전치사와 함께 쓰이는 등 명사가 하는 기능들을 한다.

예를 들면, 야고보서 1:19에 나오는 ταχὺς εἰς τὸ ἀκοῦσαι βραδὺς εἰς τὸ λαλῆσαι에서, ἀκοῦσαι와 λαλῆσαι는 모두 제1부정과거형 부정사이고, 중성관사인 τὸ가 쓰였으며, 또한 εἰς라는 전치사와 함께 사용되었는데, 그 의미는 '듣기에 관해서는 빠르게, 말하기에 관해서는 무겁게'이다.

21. 분사의 이해(1) – 표식

헬라어에서 동사나 명사만큼이나 중요한 품사가 분사(participle)이다. 그 사용 빈도수가 많고 용법도 다양해서 문장을 해석하는 데 자주 결정적인 역할을 하기 때문이다. 부정사(infinitive)가 단순히 명사의 형태로 동사의 역할을 한다면, 분사는 동사적인 역할도 하면서 동시에 형용사 역할을 하기 때문에, 동사적 변화의 여러 표식도 가지면서 동시에 형용사처럼 그 어미에 성, 수, 격의 변화를 수반한다.

a. 어떤 단어가 '분사'임을 알 수 있게 하는 상징적인 표식은 무엇인가? 먼저 (i) 분사에는, 미완료나 부정과거형과는 다르게 동사의 원형의 어두(語頭)에 따로 접두어가 붙지 않는다. 또한, (ii) 분사

는 동사처럼 '시제'(행동의 종류)와 '태'(능동, 중간, 수동)를 갖기 때문에 그 어근에 동사 변화에서 사용되었던 표식들을 그대로 수반한다. (iii) 마지막으로, 분사는 형용사처럼 어미가 변화한다. 앞서 〈헬라어 기초 문법의 핵심 구조〉(제1부 6항)에서 밝힌 대로, 대체로 '제3변화 명사'의 변화 패턴을 따른다는 점을 기억해 두자. 이렇듯 분사의 어두, 어근, 어미에서의 변화의 패턴을 한눈에 보기 쉽게 정리하면 다음과 같다.

〈분사의 어근, 어미변화 표식〉

	능동태	중간태	수동태
현재 분사	[εἰμι의 분사형] +제3변화 명사 어미	μεν + 제1, 2변화 명사 어미	
제1부정과거 분사	σα + 제3변화 명사 어미	σα + μεν + 제1, 2 명사 변화	θε + 제3변화 명사 어미(남, 중)
제2부정과거 분사	축어간 + 3변화 명사 어미	축어간 + μεν + 제1, 2 명사 변화	

b. 우선, 분사는 동사의 역할을 하지만, (i) 그 어두에 미완료나 부정과거 동사에서처럼 ἐ와 같은 접두어가 '붙지 않는'다. 이렇게 함으로써 분사는 전형적인 '동사와는 다른' 형용사적 성격을 드러낸다. 또한, (ii) 부정과거 분사의 경우에, 부정과거형 동사처럼 능동태와 중간태의 경우에 그 어간에 부정과거 동상의 표식인 σα가 삽입된다. 유사하게, (iii) 부정과거 분사 수동태인 경우에는 수동태 동사처럼 θε 표식이 첨가된다. 이런 점에서 분사는 여전히, 시제나 태에 따라 달라지는 '동사의 역할'을 수행함을 알 수 있다.

c. 도표를 보면, 분사는 명사나 형용사의 역할도 하기 때문에, 어미가 명사/형용사 변화 패턴을 따른다는 사실을 알 수 있다. 분사의 어미변화는, εἰμι의 현재 분사 변화가 기본이된다. εἰμι는 남성과 중성에서 제3변화 명사 패턴을 따라가고, 여성에서는 δόξα의 제1변화 패턴을 따라간다. 즉, 남성은 1격 단수부터 ὤν, ὄντος, ὄντι, ὄντα / ὄντες, ὄντων, ὄνσι, ὄντας, 여성은 οὖσα, οὔσης, οὔσῃ, οὖσαν / οὖσαι, ουσῶν, οὔσαις, οὔσας, 중성은 ὄν, ὄντος, ὄντι, ὄν / ὄντα, ὄντων, ὄνσι, ὄντα로 변화한다. εἰμι동사의 분사 변화를 표준으로 삼아 분사의 어미변화를 기억하면 유용하다.

d. 분사는 능동태에서는, 강력한 제3변화 명사 패턴을 따라간다(여성은 제1변화). 그리고 현재 분사에서는, 중간태와 수동태에서 똑같이 부드러운 제1, 2명사 변화를 따라간다. 하지만 부정과거 분사에서는, 수동태에서만 다시 강력한 3변화 명사 패턴으로 복귀한다.

e. 현재 분사의 중간태와 수동태는, 〈동사 변화의 상징적인 표식들〉(제1부 14항)에서 제시한 것처럼 중간태와 수동태가 '같은' 현재(μαι)나 미완료(μην) 동사의 패턴을 따라가지만, 분사에는 μεν을 삽입해서 표시한다. 부정과거 분사도, 부정과거 동사의 경우처럼 중간태와 수동태가 '다른' 패턴을 따라간다. 즉, 제1부정과거 분사 중간태에서는 부정과거 표식인 σα와 중간태 표식인 μεν이 포함되지만, 수동태에는 수동태 표식인 θε만으로 대체된다. 제2부정과거 분사의 경우

는, 중간태에는 '줄어든 어간'(축어간)이 나타나고 중간태 표식인 μεν이 삽입되는 반면, 수동태는 제1부정과거의 경우와 같이 θε로 대치된다.

예를 들어 보자. λύω(내가 풀다)의 경우, 현재 분사 능동태는 εἰμι의 현재 분사처럼 ων을 기본으로 남성의 경우 3변화 명사 어미의 패턴을 따라, (단수) λύων, λύοντος, λύοντι, λύοντα / (복수) λύοντες, λύτων, λύουσι, λυόντας으로 변화한다(단수 2격부터 하면, "토스, 티, 타 / 테스, 톤, 시, 타[스]"). 중성의 경우에도 3변화 명사 어미 패턴을 따라, (단수) λῦον, λύοντος, λύοντι, λῦον(복수) / λύοντα, λυούτων, λύουσιν, λυόντα로 변화한다(단수 1격부터 하면, "온, 토스, 티, 온 / 타, 톤, 시, 타"). 하지만 현재 분사 능동태 여성인 경우에는, εἰμί 동사의 현재 분사의 여성 어미변화 패턴을 따라, (단수) λύουσα, λυούσης, λυούσῃ, λυούσαν / (복수) λύουσαι, λυουσῶν, λυούσαις, λυούσας로 변화한다(단수 1격부터 하면, "아, 아스, 아, 안 / 아이, 오온, 아이스, 아스"[*여기서 σα는 동사 어근에 붙은 부정과거 표시가 아님에 유의하라]).

f. 그렇다면 λύω의 부정과거 분사는 어떻게 변화할까? 부정과거 분사의 표식은 어근에 σα가 삽입된다는 것을 기억하자. 그리고 분사의 경우는 동사의 부정과거 형태와는 다르게 어두에 ἐ라는 접두어가 붙지 않는다. 100% 동사가 아니라 형용사적 역할을 하기 때문이다. 그래서 형용사처럼 어미를 갖는데, 남성과 중성에서는 제3변화 명사 변화를 따라가고, 여성에서는 제1변화(여성) 명사 패턴을 따라감을 기억하자.

예를 들어 λύω의 제1부정과거 능동태 분사는, 남성에서는 (단수) λύσας, λύσαντος, λύσαντι, λύσαντα / (복수) λύσαντες, λύσαντως, λύσασι, λύσαντας로(단수 2격부터 하면, "토스, 티, 타 / 테스, 톤, 시, 타스"), 중성에서도 3변화 명사 패턴을 따라 (단수) λῦσαν, λύσαντος, λύσαντι, λῦσαν / (복수) λῦσαντα, λύσαντων, λύσανσι, λῦσαντα로 변화한다(토스, 티, 타 / 테스, 톤, 시, 타). 하지만 여성에서는 1변화 명사 패턴을 따라 (단수) λύσασα, λυσάσης, λυσάσῃ, λυσάσαν / (복수) λύσασαι, λύσασῶν, λυσάσαις, λυσάσας로 변화한다(단수 1격부터 하면, "아, 에스, 에, 안 / 아이, 온, 아이스, 아스").

g. 한편, 현재 분사의 경우는 중간태나 수동태의 어근에 μεν이라는 표식이 삽입되고, 제1, 2명사 변화를 따라간다. 예를 들어 λύομενος는 동사 원형이 λύω인데, 어근에 μεν 표식이 있고, 앞에 접두어 ἐ가 없는 것으로 보아서 분사의 중간태나 수동태임을 알 수 있다. 그리고 부정과거 표식인 σα가 없으므로 이는 현재 분사 중간태나 수동태인데, 어미가 – ος로 끝나는 것으로 보아 제1변화 명사의 어미 패턴을 따르는, 남성 1격 현재 중간/수동태 분사임을 알 수 있다.

이런 식으로 분해하면 λυομένον은 현재 분사, 중간태/수동태, 남성 또는 여성 또는 중성 복수 2격임을 확인할 수 있다. 같은 절차로 따져 보면, λυομένους는 현재 분사, 중간태/수동태, 남성 복수 4격이고, λυομένα는 현재 분사, 중간태/수동태, 중성 복수 4격이다. 그렇다면 λύσας는 무엇인가? 어근에 있는 σα를 보아 이것은 부정과거인데, 앞에 접두어 ἐ가 없으므로 동사가 아니라 분사이다. 그리고 어미를 보면, 제3변화 명사 남성 단수 1격임을 추정할 수 있다.

조금 더 연습해 보자. λύσαντι는 어떤가? 어근에 σα가 있으므로 부정과거인데, 앞에 ἐ가 없으므로 분사임을 알 수 있다. 그리고 어미를 보면 제3변화 명사 남성 또는 중성 단수 3격임을 알 수 있다. 그렇다면 λύσαμενα는 어떤 형태의 품사인가? 우선, 어근에 σα가 있으므로 부정과거임을 알 수 있는데, 앞에 ἐ가 없으므로 동사가 아니라 분사이며, 어근에 또한 μεν이 나오므로 이는 부정과거 중간태 분사로 추정할 수 있다. 그리고 어미가 제3변화를 따르는 부정과거 중간태 중성 명사 복수 4격임을 알게 된다.

마지막으로 λύθεντος는 λύω가 어떻게 변화한 어떤 형태의 품사인가? 우선 가운데 θε가 있는 것으로 보면 이는 부정과거 수동태이다. 그런데 앞에 접두어 ἐ가 없으므로 동사가 아니라 분사임을 알 수 있다. 그리고 어미를 보면 제3변화 명사를 따르는 남성이나 중성 단수 2격임을 알게 된다. 한 가지 더 해 보자. λύθεισαις는 어떤가? 역시 θε라는 부정과거 수동태 표식이 있고, 접두어 ἐ가 없으니 이는 부정과거 수동태 분사임을 알 수 있다. 그리고 어미 형태를 보면 제2변화 명사 패턴을 따라 여성 복수 3격 분사임을 확인할 수 있게 된다.

22. 분사의 이해(2) – 용법

분사는 동사와 형용사의 역할을 동시에 하는 활용도가 많은 품사이다. 동사의 역할을 하기 때문에 문장 안에서 주어와 상응하기도 하고 시상과 태(voice: 능동, 중간, 수동)를 가진다. 또한 형용사 역할을 하기 때문에 연관되는 명사를 따라 성, 수, 격을 가진 채로 명사나 대명사를 수식하기도 한다. 분사의 다양한 용법을 크게 네 가지로 정리하면, 다음의 도표와 같다.

〈분사의 용법〉

형용적 용법	형용사처럼 관사와 함께 명사를 수식한다.
서술적/상황적 용법	명사나 대명사와 함께, 부대적인 상황을 묘사한다.
보충적 용법	주동사의 의미를 보충하거나 완결한다.
독립적 용법	직설법이나 명령법에서 동사의 역할을 한다.

a. 분사의 형용적(attributive) 용법은, 분사가 형용사처럼 명사를 수식하는 경우이다. 이럴 경우, 분사는 동사적 요소가 있으므로 '동명사적으로' 즉 어떤 동작을 하는 것을 내용으로 하여 명사를 수식하게 될 것이다. 예를 들어, 단순히 '아름다운' 또는 '나쁜'과 같은 형용사로 명사를 수식하는 것이 아니라, '복음을 전하는' 전도자 또는 '거짓말을 하는' 사람 등과 같이 동작을 묘사하는 형용사의 역할을 하는 것이다.

예를 들면 ὁ λεγων ταῦτα θέος라는 문장의 의미는 '이것들을 말씀하시는' 하나님이다. 여기서 ὁ λεγων은 남성 정관사와 현재 분사로서, 마치 동사처럼 목적어(이것들을)를 가지면서 θέος(하나님)을 수식하는 형용사(말씀하시는)의 역할을 한다.

b. 서술적/상황적(circumstancial) 용법은, 분사가 부사처럼 주동사를 수식하는 경우이다. 즉, 분사가 형용사처럼 명사를 수식하는 것이 아니라, 정관사 없이 분사만으로 동사를 수식하는 것이다. 이럴 경우, 분사는 주동사와 연관되는 어떤 부대 상황을 묘사하게 된다. 예컨대 '나는 돌아다닌다'라는 문장의 경우, 여기에 '[나는, 그들에게] 복음을 전하며'라는 분사가 들어가면, '나는 [그들에게 복음을 전하며] 돌아다닌다'라는 의미가 된다. 이런 식으로 서술적/상황적 분사는 주동사와 연결되어 시간, 이유, 조건, 양보(그럼에도…), 수단, 목적 등을 표시하는 부대적 상황을 묘사할 수 있다.

예를 들어 λέγων ταῦτα ἀπῆλθεν이라는 문장의 주동사는 ἀπῆλθεν으로서 '[그가] 가 버렸다'는 의미이다. 여기에 λέγων이라는 분사가 첨가된 것이고, 이 분사의 목적어로서 ταῦτα(이것들을)이 수반된 것이다. 그러므로 λέγων ταῦτα의 의미는 '이것들을 말하면서'가 된다. 여기서 λέγων은 정관사 없이 서술적/상황적으로 쓰인 λέγω(내가 말하다) 현재 분사이다. 그래서 λέγων의 형태는 제3변화 명사 어미 패턴을 따른 남성 단수 1격의 현재 분사이다. 그리고 이 λέγων이라는 현재 분사의 '서술적 / 상황적' 의미는 주동사의 행동이 일어난 시점과 관련이 있는 '시간, 부대 상황'('…말하면서' 또는 '…말한 후에')을 가리키는 용도로 사용되었다고 해석할 수 있다.

C. 보충적(supplementary) 용법으로 사용되는 분사는, 주동사의 개념을 보충하거나 완결하는데 언제나 서술적 위치에서 주동사의 의미를 보완한다. 예를 들어, '내가 들었다'가 주문장인 경우에 '너희들이 선한 일을 한다는 것'을 분사로 사용하면, 이 문장은 '내가 [너희들이 선한 일을 한다는 것]을 들었다'가 된다. 이런 경우 분사는 주동사의 의미를 완결하는 용법으로 사용되는 것이다.

그래서 보충적 분사는 종종 '…이다'(be)를 의미하는 조(助)동사와 함께 사용된다. 예를 들어, '이런 지혜는…아니다'라는 주문장이 있다면, '이런 지혜는 [위로부터 내려오는 것]이 아니다'의 경우처럼 '위로부터 내려오는 것'이라는 분사로 설명함으로써 '…아니다'라는 조동사의 의미를 보충해 주는 것이다. 이런 식으로, 보충적 분사는 종종 '본다, 듣는다, 만진다'와 같은 인식하는 상황을 묘사하는 동사와 함께 쓰이거나, '…이다' 또는 '…된다'와 같은 보조동사를 보충하여 서술하는 역할을 위해 사용된다.

예를 들어 야고보서 3:15에 나오는 οὐκ ἔστιν αὕτη ἡ σοφία ἄνωθεν κατερχομένη에서, οὐκ ἔστιν은 주동사로서 '…이 아니다'라는 의미이다. 그리고 κατερχομένη은 '내려오는'이라는 의미의 현재분사인데, 어미 부분을 보면 이 형태는 κατερχομαι라는 동사의 현재 중간태/수동태 분사로서 제1변화 명사의 어미 패턴을 따른 여성 단수 1격을 가지고 있는데, 같은 문장 안에 있는 주격 명사 ἡ σοφία를 수식하면서 주동사인 οὐκ ἔστιν의 의미를 보충하고 있음을 알 수 있다.

d. 독립적(independent) 용법으로 사용되는 분사는, 독립적으로 사용되는 형용사의 경우와 유사한데, 다만 분사이기 때문에 자신 안에 '동사적 행동을 포함'하는 묘사가 가능하다는 점이 다르다. 헬라어는 형용사도 관사와 함께 명사처럼 사용할 수 있는데, '그 아름다운'이라는 형용사는 '그'라는 관사가 남성인 경우 '그 아름다운 [남자]'를 뜻할 수 있다. 형용사이지만 독립적으로 명사 없이도 명사처럼 사용할 수 있는 것이다.

마찬가지로 분사도 형용사적인 성격이 있기 때문에, 관사와 함께 분사가 독립적으로 '어떤 행동을 하는'의 의미를 가진 명사의 역할을 하는 것이다. 예를 들면, '나는 [말하는 사람들]을 보았다'고 했을 때, 실세로 '사람들'이라는 명사 없이도 [남성 정관사와 분사]만으로도 표현할 수 있는 것이다.

예를 들어 εἶδον τοὺς λέγοντας ταῦτα라는 문장에서 εἶδον은 '나는 보았다'(제2부정과거 1인칭 단수, 어근이 변칙적으로 변화한 형태)의 뜻이고, 그다음에 나오는 τοὺς는 남성 정관사 복수 4격이며 λέγοντας는 λέγω(내가 말하다)라는 동사의 현재 분사인데 제3변화 명사의 어미 패턴을 따라 변한 남성 복수 4격이다. 그러므로 여기서 τοὺς λέγοντας는 남성 정관사와 분사 형태만으로 '말하는 사람들을'이라는 의미로 명사적으로 쓰인 것이다.

e. 분사의 시상(time)은, 현재 분사인 경우에 문장 안에서 주동사가 가진 시상과 일치한다. 위에서 분사의 '서술적/상황적 용법'에서 볼 수 있듯이, 주동사가 현재면 현재 분사의 시상도 현재, 주동사가

과거이고 분사가 현재이면 그 현재는 과거에 지속되거나 반복되는 사건을 가리키는 식으로, 분사의 시제는 주동사가 표방하는 시제와 일치한다. 하지만, 분사의 시상은 근본적으로 '행동의 종류'를 나타낸다는 점을 기억하자. 자세한 내용은 뒤에 첨부되어 있는 제2부 "구문론의 규칙"의 '분사'에 대한 설명을 참조하라.

23. 전치사

헬라어의 전치사는 동사와 함께 쓰이며, 그 동사의 행동이 미치는 대상과의 관계를 표시한다. 예를 들면, '나는 강 속으로 그물을 던진다'라고 하면 '속으로'(into)가 전치사이다. 헬라어에서 전치사는 그 뒤에 오는 명사형의 격(case)에 따라, 다른 의미를 가질 수 있다.

예를 들면 ὑπο(휘포)라는 전치사 뒤에 오는 명사가 4격(목적격)이면 '...아래에'라는 의미이지만, 그 명사가 2격이면 오히려 '...의하여'의 의미로서 '주격'처럼 쓰이는 것이다. 그래서 전치사는 그 의미와 함께 뒤에 오는 명사형의 격에 따라 다른 의미가 있는 경우를 구분하여 기억해 두어야 한다. 다음은, 헬라어 전치사들의 종류와 그 전치사들이 격에 따라 어떤 의미가 있는지를 도표로 정리해 놓은 것이다(참조. 이순한, 〈신약성서헬라어〉, 33).

〈전치사의 종류와 의미〉

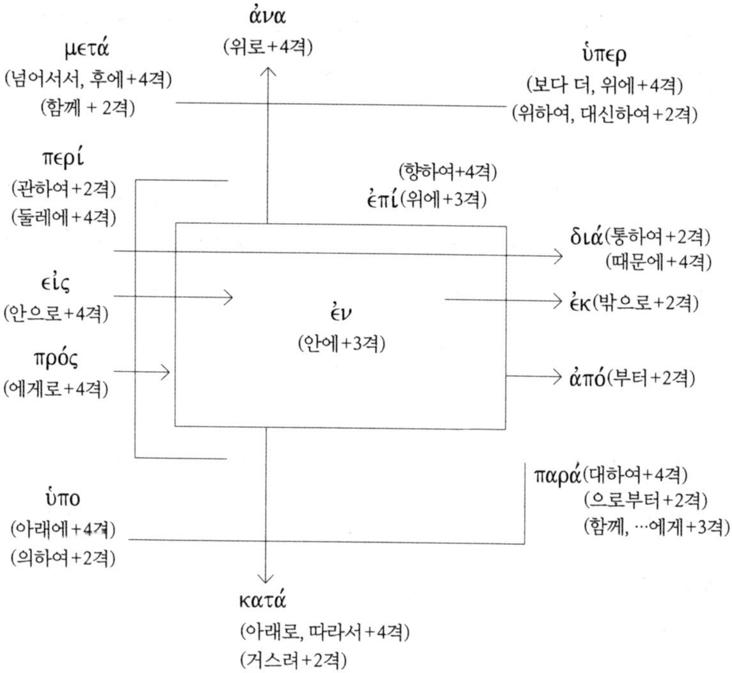

a. 도표의 맨 위쪽으로부터 설명하면, 전치사 ἀνα는 '위로'(upward)라는 뜻이고, 명사형의 4격과 더불어 사용된다. ἀνα가 접두어로 쓰일 때에도 동일하게 '위로' 또는 '다시, 계속해서', 그리고 간혹 '돌이켜'의 의미로도 쓰인다.

b. 그 옆에 있는 μετά는, 명사형의 4격과 함께 쓰일 때는 '넘어서서, 초월하여, 뒤에, 후에'라는 뜻으로 사용된다. 영어로 물리학을 physics라고 하는데, 물리적인 대상 '너머의' 것들을 대상으로 하는

형이상학을 meta-physics라 부른다. 이때 그 'meta'가 헬라어 전치사 μετά에서 유래한 것이다. 하지만 μετά가 2격 명사형과 짝지어 사용될 때에는, 훨씬 부드러운 '함께'라는 뜻임을 기억해 두자.

c. 전치사 ὑπερ는 비교적으로 '훨씬 뛰어난, 위에, 초월한, 넘어서 있는'의 의미이고, 명사형의 4격을 취한다. 하지만 2격 명사형과 함께 사용될 때에는 '위하여' 또는 '대신하여'의 의미이다. 실제 문장 안에서 확인하며 익혀 두면 쉽게 판별된다.

d. 그다음 περί라는 전치사는 명사형 4격과 함께 '주변에, 둘레에'라는 뜻이며, 2격과 더불어서는 '관하여'(about, concerning)를 뜻한다. 또한 ἐπί는 2격 명사형과 어울리면 장소적으로 '위에'(up)라는 뜻이고, 3격 명사형과 함께 사용되면 보다 밀접한 관계를 표시하는 의미로 '위에(upon)'[놓여 있다]이다. 또한, 4격 명사형을 가질 수도 있는데 이때는 '위로, 향하여' 또는 '…대하여'의 의미이다.

e. 도표의 중간에 있는 ἐις라는 전치사는 주로 명사형의 4격을 취하며, 향하는 방향을 가리키는 의미로서 '안으로'(into)나, 목적의 의미로서 '위하여'라는 뜻이다. 이와 유사한 의미의 πρός라는 전치사는, 주로 4격 명사형과 더불어 그 대상을 '향하여'의 의미를 갖기도 하고, 관계성을 뜻하는 '함께' 또는 목적성을 뜻하는 '위하여'라는 의미를 갖기도 한다. 문맥 안에서 적절하게 판단해야 한다.

f. 도표의 중앙에 있는 전치사 ἐν은, 위치적으로 '안에'(in), 방향적으로 '안으로'(into)의 의미를 갖기도 하고, 어떤 경우에는 자주 수단이나 방법의 의미로서 '으로써'(by 또는 by means of)의 의미로 사용되기도 한다. 시간적인 의미로서 '동안에'(during)의 의미를 전달하기도 하는데, 역시, 문맥 안에서 다른 품사들과의 관계를 살피면서 그 의미를 해석해야 한다.

g. 도표의 중앙 오른편에 있는 전치사 διά는 원래는 무엇을 꿰뚫어 통과하는 모양을 떠올리게 하는데, 2격 명사형과 함께 오면 '통하여, 의하여'(through 또는 by)라는 의미를 갖게 된다. 4격 명사형과 함께 쓰이면 보다 강한 뉘앙스로 '때문에'(because of)의 의미이다.

h. 전치사 ἐκ는 모음으로 시작하는 단어 앞에서 ἐξ로 표기하기도 하며, 위치나 방향적으로는 '밖에'(outside)를 의미하고, 어떤 것의 출처(source)를 뜻하는 의미로서 '으로부터'(from), 또는 어디에서 떨어져 나가는 듯한 분리(separation)의 의미를 전달하기도 한다.

i. 전치사 ἀπό는 ἐκ에 비해 더 확실한 의미에서 '무엇에서 떨어져 나가는 분리'의 의미를 나타낸다. 이럴 때는 '으로부터'(apart from)를 뜻한다. 이런 맥락에서 ἀπό도 무엇으로부터 나온 기원(origin)의 의미도 가질 수 있다. 또한 시간적으로도 어느 시점'으로부터' 흘러나온 것을 표시할 때도 사용될 수 있다.

j. 이제 도표의 아래쪽에 있는 전치사들을 살펴보자. 먼저 ὑπο는 4격 명사형과 함께 위치적으로 '아래에'(under) 있음을 표시한다. 하지만 2격과 함께 오면, 이때는 '의하여'(by)라는 의미로서 그 2격 명사형이 주체의 역할을 한다는 것을 표시한다. 한편 전치사 παρά가 4격과 함께 쓰이면 '…을 따라' 또는 '…에 대하여'의 의미이고, 3격 명사형과 더불어 쓰이면 '함께' 또는 '…곁에'의 의미로 사용된다. 또한 2격과 더불어 쓰이면 '…으로부터'('분리'의 의미)를 의미할 수도 있으므로, 함께 나오는 명사형의 격과 문맥을 살펴보아야 한다.

k. 마지막으로 전치사 κατά는 도표에서도 맨 아래에 위치해 있듯이 4격과 함께 '아래로 향해 내려가는'(underward) 이미지나 무엇을 그대로 '따라가는'(according to) 이미지를 전달한다. 반면에 κατά는 무엇과 부딪혀 그것을 '거슬러 대항하는' 의미가 있는데, 2격 명사형과 쓰일 때 이런 뜻이 된다는 점을 기억해야 한다. 전치사에 대한 자세한 용법은 역시 이 책의 제2부 "구문론의 규칙"을 참고하라.

〈**부록 1**〉

'동사적 관점'에 따른 구문 이해

헬라어의 동사의 시제(tense-form, 예, 과거, 미완료, 완료, 현재, 미래 등)는, 영어에서처럼 액면 그대로 '시간'(time)을 표시하지는 않는다고 알려져 있다. 바로 이 때문에, 헬라어 동사의 시제가 과연 문법적으로 무엇을 표현하는 것인지에 대해 현재까지 논란이 계속되고 있다.

과거에는 헬라어 동사의 시제가 '시간'을 표시한다는 견해가 있었지만, 지금은 거의 받아들여지지 않는다. 그다음, 헬라어 동사의 시제가 '행동의 종류'(*Aktionsart*)를 표현한다는 입장이 있는데 이 해석은 현재까지도 대체로 유효하다고 할 수 있다. 상대적으로 근래에 제기된 이론도 있는데, 헬라어 동사의 시제는 '동사적 관점'(Verbal Aspect)을 표현한다는 입장이다.

헬라어 동사가 갖는 시제의 의미를 판단할 때, 우리는 각 이론들에 대해서 조심스러운 태도를 가질 필요가 있다. 전통적인 이론이기 때문에 언제나 옳은 것은 아닐 수 있는 것처럼, 새로운 이론이기 때문에 옛 이론들이 모두 틀렸다고 속단할 근거가 되는 것도 아니다. 각 이론은 헬라어 동사의 용례들을 면밀히 분석하고 살펴보았을 때 그 의미 전달에 있어서 타당성이 어느 정도 있기에 어느 정도의 설득력을 가져왔던 것이다.

그래서 우리는 헬라어 동사의 시제가 갖는 의미가 복합적일 것이라고 예상할 수 있다. 예컨대, 헬라어 동사의 시제가 '행동의 종류'를 뜻한다고 주장하는 학자들 가운데, 직설법에서는 동사의 시제가 그대로 '시간'을 가리킨다고 보는 해석이 그 좋은 예이다. 또한 '행동의 종류' 모델이나 '동사적 관점' 모델이 주장하는 차이점들도 있지만, 공통적으로 인정하는 면도 있다.

결론부터 말하자면, 헬라어 동사에 들어있는 시제의 표시는, 모든 경우에 액면 그대로 시간을 표시한다고 보기는 어렵다. 그것이 객관적이든 또는 주관적인 관점에서 바라본 것이든, 헬라어 동사의 시제는 우선적으로 그 동사가 표현하고자 하는 '행동의 종류'를 나타낸다는 것이 정설이다. 이런 점에서는, '*Aktionsart*' 모델이나 'Verbal Aspects' 모델이나 크게 보아서 헬라어 동사의 시제가 갖는 의미가 그 동사가 표현하는 '행동의 종류'에 관한 것이라는 점에서는 일치한다고 볼 수 있다.

하지만 '동사적 관점' 모델은 같은 동작이라도 저자/화자가 바라보는 '주관적 관점'을 강조하고, 그 주관적 관점들을 표현하는 시제들 간의 입체적 관계를 부각시킨다. 이런 점에서 '동사적 관점' 모델은 장점이 있지만, '행동의 종류' 모델도 헬라어 동사의 의미를 반영하는 데 기여하는 바가 크고, 그것을 단적으로 부정하는 것에는 성급함이 있어 보인다. 이번 부록에서는, Stanley E. Porter의 주장을 중심으로 '동사적 관점'을 대략적으로 설명한 후에,[1] 헬라어 동사의 시제가 갖는 의미를 어떻게 해석하여야 하는지에 관한 실제적인 방안을 찾아보려 한다.

1. 헬라어 동사의 '시제'는 무엇을 나타내는가?

앞서 언급했듯이, 헬라어 동사의 시제가 무엇을 의미하는지에 관해서는 세 가지 견해가 있다. 첫째는 '시간'을 표시한다는 견해이고, 둘째는, '행동의 종류'(*Akionsart*)를, 그리고 세 번째는, '동사적 관점'(Verbal Aspect)을 표현한다는 입장이다(26-28).

(1) '시간'을 표시한다는 이론: 전통적으로, 17세기 초반부터 19세기까지 '합리주의의 시대'에 헬라어의 시제는 '시간'을 표시하는 것으로 이해했다. 하지만, 헬라어의 시제가 시간을 표시한다고 전제했을 때 설명되지 않는 문법적 현상들이 많이 있음을 알게 된다. 예를 들어, 과거 중에서도 소위 '잠언적 과거'(gnomic aorist)처럼 굳이 과

1 Stanley E. Porter, *Idioms of the Greek New Testament* (2nd Ed. Sheffield: Sheffield Academy, 1995), 21-29. 본문에서 문장 뒤 괄호 안에 있는 숫자는, Porter의 책의 해당 페이지를 가리킨다.

거의 사건에 국한된 것이 아니라 언제나 보편타당한 잠언을 표현하는 데에도 과거 시제가 쓰이는 경우이다. 또한, '역사적 현재'(historic present)의 경우처럼, 과거의 사건임에도 현재로 표현하는 경우이다.

하지만 헬라어의 시제는 영어에서처럼 '독립적 시간 개념'(absolute time)을 표현하는 것이 아니다. 즉, 동사의 부정과거형이나 미완료, 완료형은 과거의 개념을, 현재형이나 완료형은 현재의 개념을, 그리고 미래형은 미래를 표현하는 것이 아니다. 헬라어의 시제는 말하자면, '상대적 시제'(relative tense)라고 할 수 있다. 헬라어에서는 사건의 시간적 순서가, 어떤 독립적인 시간에 의해 고정된 지점에 있다기보다는, 묘사되는 사건들이 서로 맺는 관계들 그리고 또한 문맥과 맺는 관계들에 의해서 결정된다고 할 수 있다.

그리고 이런 관계들은, 사용되는 동사의 시제 형태 즉 동사적 관점을 표현하는 형태들만이 아니라, 문장이나 문맥 안에서 다른 많은 요소에 의해 결정된다. 중요한 점은, 이런 특징이 단지 "직설법에서만이 아니라 직설법이 아닌 다른 법들에서도 그대로 적용된다"는 것이다(25). 다만 학자들 가운데는 직설법에서는 동사의 시제가 시간을 가리킨다고 보는 견해도 있다. 그러나 이런 경우에도 그 동사가 속해 있는 문맥을 확인해 보아야 할 것이다.

(2) **'객관적 행동의 종류'를 표시한다는 모델:** 둘째는, 헬라어 동사의 시제는 주로 그것이 묘사하는 객관적 행동의 종류를 그려 낸다는 주장이다. 이 주장은 1885년 K. Brugmann에게서 시작해서 지금도

많이 채택되고 있는 입장이다. '행동의 종류'(*Akionsart*) 이론은, 헬라어 동사의 시제는 시간이 아니라, 그 동사가 묘사하는 행동이 객관적으로 어떻게 일어나는지"(how an action objectively occurs)를 그려 낸다는 것이다. 즉, 동사가 묘사하는 행동에는 세 종류가 있는데, 첫째는 한 '점'(点)을 찍듯(punctiliar) 행동 자체를 표현하는 경우는 부정과거형으로 묘사된다. 둘째는 길게 직선처럼 연속해서 일어나는(linear) 행동은 현재형으로, 그리고 어떤 행동의 영향이나 결과를 강조하는(resultive) 경우는 완료형으로 묘사된다(27-28).

그런데 Porter는, 이 모델의 약점이 시제의 형태들과 그것들이 행동을 객관적으로 묘사하는 능력과의 관계가 모호하다는 점에 있다고 본다. 예를 들어, 헬라어는 행동의 반복을 묘사하는 시제의 형태를 갖고 있지 않다. 또한 부정과거형은 종종 어떤 점적인 행동을 묘사하지 않는다는 것이다. 실제로는, 행동의 어떤 종류를 객관적으로 측정하는 것은 단순히 동사의 사용만으로 되는 것은 아니라고 볼 수 있다. 게다가, 모든 행동의 종류들을 오직 세 가지 범주, 즉, 점적인 행동, 선적인 행동, 그리고 결과적 행동으로 분류하는 것은 임의적이다(28).

하지만 이 책의 제2부 "구문론의 규칙"을 정리한 Van Eldereen의 경우처럼(BDF), 부정과거는 단지 '점적인' 행동이라기보다 '단순' 행동을, 미완료 직설법도 단지 '직선적인' 행동이라기보다는 '연속적인' 행동을, 그리고 완료도 행동의 '결과적인' 면만이 아니라 '완결된' 측면을 포함한다고 보는 견해들도 있다.

그러므로 헬라어 동사가 '행동의 종류'를 나타낸다고 할 때, 그것을 좁은 의미에서 엄격하게 제한하여 규정하기보다는, 각 시제 사이에 존재하는 뚜렷한 차이에 주목하여 분류하는 것이 적절한 해석이 될 것이다. 말하자면, 부정과거는 단순히 '점적인' 동작에 국한되는 것이 아니라 전체적으로 '일어난 단일한 사건'으로도 볼 수 있다. 또한 현재나 미완료도 '연속적'이기 때문에 '반복적으로' 일어나는 동작을 가리키는 것이며, 완료형 역시 '결과'만이 아니라 동작이 '완결된' 측면이 포함된다고 이해해도 좋을 것이다.

(3) '동사적 관점'을 보여 준다는 모델: Porter는 '동사적 관점'(Verbal Aspects)을 "동사가 그려 내는 행위가 어떻게 전개되는지를 바라보는 관점에 따라" 판단하는 방식으로 규정한다(20). 여기서 '바라보는 관점'의 주체는 그 문장을 기록한 저자 또는 말하는 화자이다. 그러니까 동사적 관점이란 어떤 사건을 바라보는 저자 또는 화자의 관점을 문법적으로 표현한 것이다. 이것을 시각화하면, 마치 하나의 퍼레이드를 바라보는 다양한 관점을 예로 들 수 있다. 이를테면 길거리에서 축제 행진이 있다고 가정해 보자.

첫째로, (i) '부정과거'(aorist)를 사용하는 저자/화자의 관점이란, 마치 헬리콥터를 타고 공중에서 축제 행렬을 보면서 TV로 모니터링을 하는 경우와 같다고 설명할 수 있다. 즉, 그 축제라는 행동의 외부에서 그 행위를 하나의 '완결된'(perfective) 모양으로 즉각적으로 보는 경우로, 그 사건을 하나의 완결된 전체로서 통째로 보는 관점이다.

둘째로, (ii) 저자/화자가 미완료(imperfective)형의 동사를 사용하는 경우는, 마치 그가 축제 행렬을 보는 관람자로서 거리의 한복판에 서서 자신의 앞을 지나가고 있는 퍼레이드를 직접 보는 지속적인 광경을 묘사하는 시각을 전달한다는 것이다

셋째로, 저자/화자가 '완료형' 동사를 사용하는 경우는, 마치 그가 축제 진행 본부에서 일하는 매니저의 위치에서 말하는 것과 같다. 말하자면 그 축제 행위를 어떤 진행 과정(process) 속에서나 또는 즉각적으로(immediacy) 보는 것이 아니라, 하나의 복합적인 조건으로서 또는 그 사건들의 상태를 보는 '상태적'(stative) 관점으로 보는 시각을 전달한다는 것이다.

이런 동사적 관점의 차이를 잘 드러내는 예로서, '예수 그리스도의 부활하심'을 두고 로마서 8:11은 부정과거로, 고린도후서 1:9는 현재로, 디모데후서 2:8은 완료형으로 표현하는데, 각 본문은 그 저자의 문맥적 강조를 반영하고 있음을 볼 수 있다(23-24).

2. 동사적 관점 모델의 특징

이처럼 동사적 관점은 '저자/화자'가 해당 동사를 사용하면서, 그 동사가 묘사하는 동작을 보는 관점을 전달한다는 이론이다. 그리고 그 관점들은 사용되는 동사의 시제에 따라 차이가 생긴다. 다시 부연 설명하자면, 부정과거는 '완결된 관점'(perfective aspect)을 보여 준

다. 즉, 저자/화자가 볼 때 '완결'된, 더 이상 다르게 바뀔 수 없는 과정으로 인지되는 행동을 묘사한다. 이는 어떤 행동을 그 전체나 완성된 관점에서 보는(in their entirety or as complete) 시각을 나타낸다. 그래서 부정과거는 어떤 행동이 '완결된'(completed) 즉, 과거에 일어난 것으로 보는 시점과 잘 어울린다.

현재 시제나 미완료 시제는 '미완결된 관점'(imperfective aspect)을 보여 준다. 저자/화자가 볼 때 아직 과정 중에 있는 행동을 묘사하는 것이다. 다시 말하면, 그 행동의 내적 구조가 아직 전개되는 '과정' 중에 있는 그런 행동이다. 그래서 '미완료적 관점'은 주로 현재형으로 표현되는데, 이는 묘사되는 행동이 전개되는 과정이 진행 중인 관점을 나타낸다. 그래서 미완료 시제는 현재 진행 중인 시점과도 잘 어울리고, 진행 중인 어떤 것을 묘사하거나 설명하는 데에 잘 활용된다(21, 26).

완료 시제는 '상태의 관점'(stative aspect)을 보여 준다. 저자/화자가 볼 때 어떤 사건이나 행동의 결과 혹은 아직 진행되고 있는 행동의 '상태'를 반영한다. 그렇다면 미래형은 어떤 의미가 있는가? 헬라어에서 미래형은 기본적으로 시제를 표현하는 것도 아니고, 동사적 관점을 표현하는 것도 아니다. 문자적으로 미래형에는 '시그마'(σ) 표식이 특징적으로 붙어 있는데 이는 가정법에 그 뿌리를 두고 있으며, 그래서 미래형은 기본적으로 '기대'(expectation)의 개념을 포함한다(24, 43-44).

결국, 부정과거형은 내러티브의 배경을 형성하고, 현재형은 오히려 내러티브가 아닌 문맥에서 자주 사용된다. 물론 이것은 일반적인 관찰이다. 동사적 관점은 그 어떤 시점을 묘사하는 데에 사용될 수도 있음을 기억해야 한다. 해석자의 임무는 모든 관련된 정보들을 고려해서, 즉, 동사의 형태나 본문의 형태와 문맥을 살핌으로써 그 사건이 언제 일어난 것으로 전달되는지를 판단해야 한다(26).

3. 동사적 관점 모델이 줄 수 있는 유익

동사적 관점 모델은, 저자/화자가 어떤 동작이나 상태를 묘사할 때 여러 다른 시제를 사용함으로써, 그가 사용하는 시제들의 차이를 통해 그 동작들을 입체감 있게 묘사한다는 사실을 밝혀내는 작업에 기여할 수 있는 모델이라 할 수 있다. 이를 테면, 헬라어에서 가장 기본이 되는 동사적 관점은 부정과거(aorist)이다. 따라서 어떤 문장에서 현재형이나 완료형을 사용했다면, 그것은 현재형이나 완료형이 나타내는 동사적 관점을 드러내고자 하는 의도가 있다고 볼 수 있는 것이다. 예를 들어, 로마서 6:7-10에서는 부정과거형, 현재형, 완료형이 모두 사용된다. 부정과거형은 어떤 완료된 행동 전체를 표상하고, 현재형은 진행 중인 행동, 그리고 완료형은 그 행동의 상태를 강조한다(22).

최근의 언어학에서는 강화의 입체적 구조를 배경(background)과 무대(foreground), 그리고 예컨대 강단과 같은 제일 앞 무대(frontground)

의 세 차원으로 구분 짓는다. 헬라어에서는, 바로 부정과거형이 배경과 같은 역할을 하는 시제이며, 현재 또는 미완료형은 본무대의 역할을 하는데, 중요한 인물들을 소개하거나 구체적 상황들을 언급하며 적절한 환경을 구성한다. 그리고 완료형은 더욱 구체적인 상황을 보다 섬세하게 그리고 복합적인 방식으로 언급하는 앞 무대 혹은 강단의 역할을 한다.

사도행전 16:1-5에서, 부정과거형은 이야기의 사건들을 묘사하며, 현재형은 선별되고 강조하고자 하는 사건들을, 그리고 완료형은 어떤 매우 중요한 요소들, 예컨대 '결정된 일들'(케크리메나)을 위한 선별된 언급에 사용된다. 내러티브를 분석할 때 유용한 이런 동사적 관점의 구조는, 서신의 강화에도 적용될 수 있다.

로마서 5:1-2이 그 좋은 예이다. 바울은 그의 독자들이 의롭다 함을 입었음을 전제한다(부정과거). 그들은 지금 하나님과 화평을 누리고 있다(현재). 화평을 누리는 현재의 상황이 의롭다 함을 입은 것을 배경으로 두드러져 나타나고 있다. 화평을 누림이라는 새로운 주제가 의롭게 됨을 입었다는 과거를 배경으로 강조되는 것이다. 2절에서 바울은 그의 청중이 누리고 있는 어떤 상태를 더욱 강력하게 끌어낸다. 즉, 청중은 은혜에로 나아갈 수 있고 그 은혜 안에 서 있는 것이다. 이런 진술들은 완료형으로 묘사된다(23).

4. '동사적 관점' 모델과 '행동의 종류' 모델의 비교와 평가

그렇다면 동사적 관점(Verbal Aspects) 모델과 기존의 행동의 종류(*Akionsart*) 모델은 어떤 차이, 그리고 어떤 공통점이 있는가? '동사적 관점' 모델을 지지하는 Porter에 의하면, "헬라어에서 동사의 시제는, 그것이 묘사하는 특정한 행동이 '객관적으로'(objectively) 실제 세계 속에서 어떻게 일어나게 되었는지 또는 '언제'(when) 일어났는지에 상관없이, 그 행동에 대한 '저자/화자의 관점'(the speaker or writer's view)이 어떤 것인지를 알려 주는 표식들(indicators)로서의 역할을 한다. 즉, Porter는 이런 동사적 관점의 범주에 따라 저자/화자 자신의 '주관적인 관점'(subjective viewpoint)을 문법화하는 것"이라 주장한다 (28-29).

하지만 이런 식의 주장은 다소 과장되었거나 지나친 측면이 있다. 헬라어 동사의 시제가 정말 그 동사가 묘사하는 행동의 '객관적' 발생에 대해 전혀 관심을 두지 않은 '주관적 서술'뿐인 용도였다고 주장하려면, 단순한 용례들을 통한 추정 이상의 증거와 논증이 필요하다. 왜냐하면 이미 '동사적 관점'이라는 가설을 세워 놓고, 그 시각으로 헬라어 동사의 시제들을 해석하는 것은 단순히 그 가설 속에서 그 가설의 정당성만을 확인하는 한계에 갇혀 버릴 수 있기 때문이다.

헬라어 동사의 시제가 묘사하는 해당 동작의 '객관적 발생'에 관심이 없었다고 주장하는 '동사적 관점' 모델은, 이런 점에서 동사의 시제가 행동의 객관적 발생의 형태를 묘사한다고 설명하는 '행동의 종류' 모델과 서로 충돌하는 것으로 보인다. 하지만, 두 모델의 차이와 대조를 '양자택일'의 접근이 아니라 '상호보완'의 관점으로 바라볼 수는 없을까? 동사의 시제가 '객관적 행동의 종류'를 묘사하는 것을 넘어서, 저자/화자가 바라보는 '주관적 관점'을 전달하는 것을 '포함하여' 해석할 수 있다면, 두 모델은 상호보완적으로 사용될 수도 있다.

이런 가능성을 높여 주는 사실이 있다면, 두 모델 모두 헬라어 동사의 시제가 근본적으로 '시간'을 가리키는 것이 아니라, 그것이 객관적이든 주관적이든 '행동의 종류'에 관련된 것이라고 보는 공통된 시각이다. 즉, '행동의 종류' 모델이나 '동사적 관점' 모델 모두가, 각기 객관적 행동을 묘사하는 것이냐 또는 저자/화자의 관점을 묘사하는 것이냐의 차이는 있지만, 분명한 것은 '행동의 종류'에 관한 묘사라는 사실이다.

더 나아가, 두 모델이 동사의 시제에 따라 배분하는 행동의 종류는 서로 완연히 다르지 않고, 그 개념들이 크게 유사하다는 점에 주목할 필요가 있다. 이를 간략하게 대조해서 제시하면 다음의 도표와 같이 정리할 수 있을 것이다.

〈'동사적 관점' 모델과 '행동의 종류' 모델의 비교〉

	'동사적 관점' 모델	'행동의 종류' 모델
부정과거	완료적 / Perfective aspect	점적인(총괄적) / Simple
현재, 미완료	미완료적 / Imperfective aspect	지속적(반복적) / Continued
완료	상태적 / Stative aspect	완료적(상태적) / Perfected

이 도표의 '동사적 관점' 모델에서 '관점'(aspect)이라는 용어는, 동작을 묘사하기 위해 동사의 시제를 선택하는 저자/화자가 바라보는 관점을 강조하는 표현이다. 대조적으로 '행동의 종류' 모델은 그런 '관점'이라는 용어를 사용하지 않고, 동사의 시제가 묘사하는 동작의 '객관적'인 종류가 어떤 것인지를 나타내려고 한다는 사실을 알 수 있다.

이런 차원에서는 두 모델이 서로 강하게 대조된다. 또한 두 모델의 용어 사용을 보면, 부정과거에서 가장 헷갈린다. 동사적 관점 모델에서는 부정과거를 '완료적 관점'으로 보는데, 행동의 종류 모델에서는 부정과거를 '단순 행동'으로 보고, 대신 완료 시제가 완료된 행동을 강조한다고 보는 것이다. 하지만, 실제로 '행동의 종류' 모델에서도, 완료 시제가 '완료' 개념을 포함하면서도 '상태'를 강조한다는 점을 분명히 하는 경우가 많다.

반면에, 동사적 관점 모델에서 완료 시제에는 완료 개념이 포함된 것이 아니고, 다만 상태를 강조한다는 점이 다르다. 이렇게 보면, 동사적 관점 모델과 행동의 종류 모델에서 가장 차이가 나는 부분은 첫째, (i) 완료 시제에 '완료 개념'이 포함되느냐(*Aktionsart*) 그렇지 않느냐(Verbal Aspect)이다. 둘째, (ii) 부정과거 시제가 완료라는 개념을 포함하느냐(Verbal Aspect) 그렇지 않느냐이다(*Aktionsart*).

실제로 헬라어 동사의 시제의 의미를 판별할 때, '행동의 종류 모델'에서도 완료의 경우 대체로 '동작의 완료 개념'을 포함하기도 한다. 다만 부정과거 시제가 '완료'의 개념을 포함하느냐 하는 것은 문제가 될 수 있다. 그런데 가정법에서 부정과거를 사용하는 사례들을 보면, 부정과거에 완료라는 개념이 없을 때도 있음을 알 수 있다. 이럴 때는 '행동의 종류' 모델이 헬라어 동사의 시제 사용 용례를 설명하는 데 적합해 보인다.

무엇보다 '동사의 관점' 모델은, 저자/화자의 관점에서 바라보는 여러 동작의 '입체적' 관계를 재구성하는 데 유익한 장점이 있음을 기억할 필요가 있다. 이런 점에서 J. P. Louw가 "동사의 여러 상[相]들(Verbal Aspects)이란 문맥적 사용이 아니라 대조가 핵심이다. '상들 또는 측면들'(aspect)이란 근본적으로 어떤 사건을 바라보는 특정한 관점(view)을 가리킨다. 만일 그 측면이 대조 관계에 놓이지 않는다면 '측면'이라는 개념이 성립할 수 없다"고 평가하면서 "동사적 관점은, 문맥 안에서 고려해야 할 많은 요소 가운데 중요한 한 부분이며 또한 부분에 그쳐야 한다"고 말한 것은 적절한 평가라 할 수 있다.[2]

결론적으로, 헬라어 동사의 의미가 무엇이냐에 대한 현재의 이론들은, 어느 특정한 모델이 완전한 설명을 가져다주지는 않는다는 사실을 기억할 필요가 있다. 오히려 어느 모델이 헬라어 동사 활용의 어떤 측면을 더 잘 설명하고 있느냐의 문제라고 볼 수 있다. 무엇보다 분명한 점은, '행동의 종류' 모델, 그리고 '동사적 관점' 모델 둘 다, 그것이 객관적 행동 자체이든 저자/화자가 보는 관점이든, 모두 '시간'이 아니라 '행동을 묘사한다'는 데에는 일치한다는 것이다.

이 두 모델이 제안하는 바를 종합하여 정리하면, 첫째, 현재나 미

---

2 J. P. Louw, "Verbal Aspect in the First Letter of John" (1975), 99, 104.

완료는 시작이나 끝에 대한 관심 없이 '지속' 또는 '반복'되는 행동을 가리킨다. 둘째, 부정과거는 비교적 '단순 행동'이나 '완결된 행동 전체'를 조망하는 시각을 제공한다. 셋째, 완료나 과거완료는, '완료'된 행동뿐 아니라 그 결과로 이어지는 '상태'를 강조할 수 있다. 이처럼 두 모델은 서로 합의하는 점들이 있으며, 동시에 서로 보완할 필요도 있어 보인다. 즉 두 모델은, 헬라어 동사의 시제가 묘사하는 동작들의 '객관적' 차원뿐 아니라, 저자/화자의 입장에서 바라보는 '주관적' 차원을 주의 깊게 재구성해야 필요성을 제기해 준다.

제2부

구문론의 규칙

I. 동사 구문론

1. 동사를 다양한 방식으로 사용하는 것을 '활용'(conjugation)이라 부른다. 명사나 형용사를 다양한 방식으로 사용하는 것을 '어미변화'(declension)라 부른다. 분사는 동사적 형용사로서, 형용사처럼 변화한다. 부정사(Infinitive)는 비록 동사적 명사로서 종종 어미변화 하는 중성 관사와 함께 사용되지만, 그 자체로는 어미변화가 없다.

2. 헬라어 동사는 직설법(Indicative), 가정법(Subjunctive), 희구법(Optative), 명령법(Imperative), 이렇게 네 가지 종류의 한정된 법(finite moods)에 따라 활용될 수 있다. 이러한 것들은 '한정된'(finite) 용법이라 불리는데, 왜냐하면 그 형태들이, 그 형태의 어미에 붙는 성

(person)이나 수(number)에 의해 제한되기 때문이다. 부정사(Infinitive)나 분사 역시 종종 법(moods)으로 분류되기도 한다.

3. 헬라어 동사에는 세 가지 태(voices)가 있는데, 능동태, 중간태, 수동태이다(BDF 307-317).[3]

4. 헬라어 동사의 시제(tense)는 우선적으로 '행동의 종류'(*Aktionsart*)를 의미한다. 동사가 시제를 통해 의미하는 행동의 종류에는, 진행(continued), 단순(simple), 완결(completed)이 있다(BDF 318).

5. 시제는 단지 직설법에서만, 행동의 시점(time of action) 즉, 현재, 과거, 그리고 미래를 가리킨다. (단, 그렇지 않다고 보는 견해도 있으므로, 문맥을 잘 살펴보아야 한다.) 직설법에서 미완료, 부정과거(aorist), 그리고 완료 시제에 붙은 첨가어(augment)는 과거 시점을 가리킨다. (원래, 이런 경우의 접두어는 과거를 표현하는 분리된 부사였다). 이런 접두어는 직설법에서만 발견된다. 직설법은 여러 가지의 시제를 표현할 수 있다. 즉, 기본 시제로서 현재, 미래, 완료를, 그리고 부차적 시제로서 미완료, 부정과거, 과거완료를 표현한다.

6. 신약에서 가정법, 희구법, 명령법, 분사, 그리고 부정사는 대체

---

3 BDF는 이 문법서의 약자이다: F. Blass and A. Debrunner, *A Greek Grammar of the New Testament and Other Early Christian Literature*, trans. Robert W. Funk. University of Chicago Press, 1961.

로 현재와 부정과거 시제들에서만 나타난다. 종종, 부정사와 분사는 완료나 미래 시제들에서도 나타난다.

7. 다음의 표는, 가정법, 희구법, 명령법, 부정사, 그리고 분사에서, '행동의 종류'(*Aktionsart*)를 나타내는 표이다(λύω의 능동태를 사용한 경우).

〈직설법 이외의 시제에서 동사가 표현하는 행동의 종류〉

	지속 행동	단순 행동	완결 행동
가정법	현재 가정법: λύω '나는 아마도 놓아주는 중이다'	부정과거 가정법: λύσω '내가 놓아줄 수도 있다'	—
희구법	현재 희구법: λύοιμι '나는 계속 놓아주기를 바란다'	부정과거 희구법: λύσαιμι '나는 놓아주기를 바란다'	—
명령법	현재 명령법: λῦε '풀어 놓아주어라!'	부정과거 명령법: λῦσον '놓아주어라'	—
부정사	현재 부정사: λύειν '풀어 놓아주기'	부정과거 부성사: λύσαι '놓아주기'	완료 부정사: λελυκέναι '풀었음'
분사	현재 분사: λύων '놓아주고 있는'	부징과거 분시: λύσας '놓아준' 단순 사실	완료 분사(수동태): λελυμένος '풀려 놓아진'

8. 다음은, λύω('풀다, 해방하다, 놓아주다')를 사용해서 직설법에서 시제와 '행동의 종류'(*Aktionsart*)를 예시하는 표이다.

〈 직설법에서 동사가 표현하는 행동의 종류〉

	지속 행동	단순 행동	완결 행동
미래	미래 직설법: λύσω '나는 놓아주고 있을 것이다'	미래 직설법: λύσω '나는 놓아줄 것이다'	—
현재	현재 직설법: λύω '나는 놓아주고 있다'	현재 직설법: λύω '나는 놓아준다'	완료 직설법: λέλυκα '나는 놓아주기를 마쳤다'
과거	미완료 직설법: ἔλυον '나는 놓아주고 있었다'	부정과거 직설법: ἔλυσα '나는 놓아주었다'	과거완료 직설법: ἐλελύκειν '나는 놓아주기를 마쳤었다'

Ⅱ. 분사 구문론

9. 분사는 동사적 형용사이다. 동사로서의 분사는 격(cases)을 지배하고, 형용사로서의 분사는 명사, 대명사를 수식하며 따라서 그 명사, 대명사와 동일한 격, 수, 성의 변화를 가진다. 분사를 부정하는 통상적 방식은 그 분사 앞에 μή를 붙이는 것이다.

A. 분사의 시제

10. 분사의 시제는 통상 현재, 부정과거, 그리고 완료형이 있다. 신약에서 분사의 미래 시제는 다른 시제들에 비해 상대적으로 자주 나오지 않는다.

11. 분사의 시제는, 시간적 관계가 아니라 행동의 종류(*Aktionsart*)만을 표시한다. 그래서 분사의 시제는 분사의 시제를 표현하는 형태가 아니라 문맥 안에서 결정되어야 한다. 현재 분사는 진행 중인 행동, 지속적인 행동을 묘사한다. 때때로, 반복되거나 습관적인 행동을 표현하기도 한다.

부정과거(aorist) 분사는 단순 행동을 묘사한다. 즉, 그 행동이 지속적인지 어떤지에 대한 관심이 없이, 일어난 사건 자체를 강조한다. 이는 그 행동의 시작을 강조하는 것일 수도 있고(inchoative), 또는 그 행동 전체를 포괄해서(summary) 강조하는 것일 수도 있다. 완료 분사는 완결된 행동을 묘사한다. 즉, 그것은 과거에 완결된 행동이나 상태의 지속되는 결과들을 묘사하거나 강조할 수 있다.

B. 분사의 종류

12. 분사에는 크게 네 가지 종류가 있다. 즉, 형용적(Attributive) 분사, 상황적(Circumstantial) 분사, 보충적(Supplementary) 분사, 그리고 독립적(Independent) 분사 용법이다.

13. 형용적 분사(Attributive Participle, BDF 412-413): 형용적 용법으로서 대체로 관사 뒤에 오며, 관사가 있는 명사를 수식한다. (만일, 명사 앞에 관사가 없으면 그 관사 없는 명사를 수식하는 분사에도 관사가 오지 않는다. 예를 들어 ἀδελφοὶ ἀγαπημένοι[살전 1:4]). 형용적 용도로 사용되는 형용사

적 분사는 관사와 명사와 더불어, 다음의 세 가지 방식으로 배열될 수 있다.

a. 첫 번째 배열: 관사, 분사, 명사

- 딛 2:1 τῇ ὑγιαινούσῃ διδασκαλίᾳ

'건강한[온전한] 가르침에.'

b. 두 번째 배열: 관사, 명사, 관사, 분사

- 살전 1:10 τῆς ὀργῆς τῆς ἐρχομένης

'다가오고 있는 진노로부터.'

c. 세 번째 배열: 명사, 관사, 분사

- 딤후 1:9 χάριν, τὴν δοθεῖσαν

'은혜, 그 주어진.'

14. 때때로 명사는 생략되고 관사 있는 분사가 명사 역할을 하기도 한다. 이럴 때 이런 분사를 '분사의 명사적 용법'(substantive use of the Participle)이라 부른다(BDF 413).

- 마 26:48 ὁ παραδιδοὺς αὐτὸν

'그를 배신한 [자].'

- 마 2:15 τὸ ῥηθὲν

'말해진 [그것].'

15. 자주, 형용적 분사는 반드시 관계절로 번역되어야 한다.

– 마 10:40 Ὁ δεχόμενος ὑμᾶς ἐμὲ δέχεται
‘너희를 영접하는 자는 나를 영접하는 것이라.’

16. 형용적 분사의 시제는 대개 현재나 부정과거이다. 하지만 완료나 미래 시제도 사용된다.

17. 상황적 분사(Circumstantial Participle, BDF 417–418): 이 분사는 서술적 위치에 놓인다. 즉, 관사 뒤에 위치하지 않는다.

18. 상황적 분사는 주절(main clause)의 명사나 대명사를 수식하는데, 실제로는 문맥 안에서 그 내용이 결정되는 어떤 다양한 부사적 개념들을 표현하는 종속절의 역할을 할 수 있다.

a. 시간 – ‘언제, 동안에…’

– 마 5:17 σὺ δὲ νηστεύων ἄλειψαί σου τὴν κεφαλὴν
‘하지만 네가 금식할 때에, 너의 머리에 기름을 바르라.’

b. 이유 – ‘왜냐하면, … 때문에’

– 마 1:19 Ἰωσὴφ δὲ ὁ ἀνὴρ αὐτῆς, δίκαιος ὢν
‘그런데 요셉, 그녀의 남편은…의로운 사람이었으므로.’

c. 조건 – '만일에…'

– 눅 9:25 κερδήσας τὸν κόσμον ὅλον ἑαυτὸν δὲ ἀπολέσας ἢ ζημιωθείς

'만일 온 세상을 얻고도 그 자신을 망하게 하거나 잃는다면…'

d. 양보(concession) – '그럼에도, 하지만…'

– 마 7:11 εἰ οὖν ὑμεῖς πονηροὶ ὄντες οἴδατε

'비록 너희가 악한 자들일지라도, 너희가 알거든…'

e. 방식 또는 수단 – '으로써…'

– 눅 22:51 ἁψάμενος τοῦ ὠτίου ἰάσατο αὐτόν

'그 귀를 만짐으로써 그를 치유했다.'

f. 목적 – '위하여'

– 마 27:49 εἰ ἔρχεται Ἠλίας σώσων αὐτόν

'혹시 엘리야가 그를 구하려고 오는지, 아닌지.'

19. 독립 소유격(Genetive Absolute, BDF 423): 때때로 상황적 분사는 주절의 주어나 목적어가 아닌 명사를 수식한다. 이런 경우, 그 명사는 2격으로 표시되며(참고. 2격을 '소유격'으로 부르지 않는 이유는 2격에 소유, 기원, 병렬, 주격, 목적격 등 다양한 용법이 있기 때문이다), 그 2격 명사와 수와 성에서 일치하는 상황적 명사의 주어 노릇을 한다. 이때도 상황적

분사는, 위에서 언급된 부사적 개념들(시간, 이유, 조건, 양보, 수단, 목적)을 표현한다.

– 마 2:1 Τοῦ δὲ Ἰησοῦ γεννηθέντος ἐν Βηθλέεμ
'예수께서 베들레헴에서 태어나셨을 때…'

20. 보충적 분사(Supplementary Participle, BDF 414-416): 언제나 서술적 위치에 놓이는 보충적 분사는 주동사의 개념을 보충하거나 완결한다. 보충적 분사의 의미는 주동사의 의미에 종속되어 있는데, 만일 그것이 빠지면 주동사는 불완전한 구조가 된다.

21. 보충적 분사는 주로 세 가지 방식으로 사용된다: a. 간접 문장(Indirect Statement)에서, b. 부연 설명 구조(Periphrastic Construction, 완곡어법)에서, 그리고 c. 어떤 동사 뒤에서.

22. 보충적 분사는 인지적(認知的) 또는 감각적 지각(perception, 知覺)을 나타내는 동사들 다음에 오는 간접 문장(Indirect Statement)에 사용되기도 하는데, 종종 목적절에 있는 명사나 대명사를 수식한다. 예를 들어 οἶδα, εἶδον, γινώσκω, ὁμολογέω, εὑρίσκω, ἀκούω, θεάομαί 등의 지각 동사들 뒤에 나온다.

– 살전 3:11 Ἀκούομεν γάρ τινας περιπατοῦντας ἐν ὑμῖν ἀτάκτως

'왜냐하면 우리가 듣기로는, 너희 가운데 어떤 자들이 규모 없이 행한다는…'

23. 보충적 분사, '부연 설명 구조'(완곡어법, BDF 352-355): 보충적 분사가 '이다'(to be) 동사의 다양한 형태와 함께 쓰일 때 그 분사의 동사적 측면을 강조하게 되고, 비록 분사이지만 거의 정상적인 동사처럼 쓰인다. 이때 분사는 주동사의 주어를 수식하며, 시제는 통상 현재이고, 신약에서는 때로 부정과거와 완료형도 발견된다.

24. εἶναι와 함께 사용되는 부연 설명 구조에서 보충적 분사의 형태는 아래와 같다:

a. 가장 자주 나오는 부연 설명 구조로서, 미완료 직설법의 경우.

- 막 4:38 καὶ αὐτὸς ἦν…καθεύδων
  '그리고 그는 잠을 자고 있었다.'
- 눅 2:26 ἦν αὐτῷ κεχρηματισμένον
  '그에게 (계시로) 알려져 있다.'

b. 미래 직설법에서.

- 눅 1:20 καὶ ἰδοὺ ἔσῃ σιωπῶν καὶ μὴ δυνάμενος λαλῆσαι
  '보라, 너는 침묵할 것이며 말을 할 수 없게 될 것이다.'

c. 현재 직설법에서.

- 약 3:15 οὐκ ἔστιν αὕτη ἡ σοφία ἄνωθεν κατερχομένη

'그 지혜는 위로부터 내려오는 것이 아니다.'

d. 완료 직설법에서.

- 고전 15:19 ἠλπικότες ἐσμὲν μόνον

'(우리가) 바라는 것이…뿐이면.'

e. 부정사와 명령법에서.

- 눅 9:18 ἐν τῷ εἶναι αὐτὸν προσευχόμενον

'그가 기도하고 있는 동안에…'

- 마 5:25 ἴσθι εὐνοῶν τῷ ἀντιδίκῳ σου ταχύ

'너를 대적하는 자와 즉시로 친구가 되어라.'

25. 부연 설명 구조로 사용되는 분사의 경우 γίνεσθαι와 현재 또는 완료형 분사의 조합이 신약에서 상당수 발견된다. 이런 때는 어떤 상태나 조건의 '시작, 발단'을 강조한다.

- 히 5:12 καὶ γεγόνατε χρείαν ἔχοντες γάλακτος

'당신들은 젖이 필요하게 되었다.'

- 계 16:10 ἐγένετο ἡ βασιλεία αὐτοῦ ἐσκοτωμένη

'그의 나라가 어둠 가운데 처하게 되었다.'

26. 보충적 분사는, '이다'(to be) 또는 '하다'(to do)의 의미를 갖는 어떤 동사들 뒤에서, 주동사의 주어의 상황이나 행동을 보충적으로 묘사하기도 한다.

- 행 20:31 οὐκ ἐπαυσάμην μετὰ δακρύων νουθετῶν ἕνα ἕκαστον
  '나는 각 사람 하나하나를 눈물로 권면하기를 그치지 않았습니다.'

27. 독립적 분사(Independent Participle, BDF 486[1], [2]): 1격으로 쓰인 분사는 때때로 한정된 동사(a finite verb)의 역할을 하는데, 직설법이나 명령법을 표시한다.

a. 직설법에서 동사의 역할을 하는 독립적 분사는(바울서신 [26회], 히브리서), 열세 개의 경우들에서 καί, ἀλλά, δὲ, ἀλλα, καί, ἀλλα, οὐ에 의해 연결되는 직설법 동사 형태와 함께 나온다.
   - 살후 3:8 οὐδὲ δωρεὰν ἄρτον ἐφάγομεν παρά τινος, ἀλλ' ἐν κόπῳ καὶ μόχθῳ νυκτὸς καὶ ἡμέρας ἐργαζόμενοι
     '누구에게도 공짜로 밥을 얻어먹지 않았다. 도리어 밤낮으로 힘들게 땀 흘려 일했다(또는, 일함으로써).'

b. 독립적 분사로서 명령문에서 동사의 기능을 하는 경우도 있다(예컨대, 롬 12:9-19에서 17회).

- 롬 5:19 μὴ ἑαυτοὺς ἐκδικοῦντες, ἀγαπητοί, ἀλλὰ δότε τόπον τῇ ὀργῇ

 '너희 자신이 복수하지 말라. 사랑하는 자들이여, 도리어 진노하심에 맡기라.'

28. 중복적 분사(Pleonastic Participle, BDF 419-420): 때때로 분사는 주동사에 함축된 행동과 동시적이거나 그보다 앞서는 행동을 중복적으로 표시하여 그 의미를 '충만하게' 한다. 이는 헬라어적 관행이 아니라 셈어적(Semitic) 영향의 결과이다. 간접 문장을 소개하기 위해 '말하는'(saying) 것과 관련된 동사 다음에 '말하는'(LXX, λέγων)을 사용하는 예가 그러하다.

막 15:9 ὁ δὲ Πιλᾶτος ἀπεκρίθη αὐτοῖς λέγων

'그런데 빌라도가 그들에게 대납하여 말하기를…'

29. 동일 어원 분사(Cognate Participle, BDF 422): 종종 분사는 히브리어의 '절대 부정사'(infinitive absolute, 동사의 개념을 강조하기 위한 숙어적 표현)를 번역하기 위해 사용된다. 신약에서 이런 경우는 오직 칠십인경(LXX)를 번역할 때만 일어난다.

- 마 13:14 καὶ βλέποντες βλέψετε καὶ οὐ μὴ ἴδητε

'너희가 보기는 보아도, 보지 못할 것이며'(LXX, 사 6:9의 인용).

Ⅲ. 행동의 종류(BDF 318)

30. 행동의 세 가지 종류들(*Aktionasarten*)에는, 연속적, 단순, 그리고 완결된 행동이 있다. 이런 행동의 종류들은 각기, 현재, 단순 부정(aorist), 그리고 완료를 나타내는 어근에 상응한다. 이는 직설법의 세 가지 과거 시제들에서, 즉, 미완료, 부정과거, 그리고 완료형에서, 충분히 드러나며 다른 법들(moods) 즉, 가정법, 희구법, 명령법에도 나타난다.

31. 연속적 행동(Continued Action): '현재 어근'(present stem)에 의해 표현되고 기본적으로, 그것이 직선적이든지 점진적이든지 '지속적'인 행동이나 반복적인(iterative or repeated) 행동을 통해 어떤 행동이 계속되는 것(움직이는 그림[motion-picture])을 묘사한다.

32. 단순 행동(Simple Action): '부정과거 어근'(aorist stem)으로 표현되는데, 지속성에는 관심이 없는 채로 '점을 찍듯, 순간적인' 행동을 묘사한다. 강조점은, 마치 어떤 상황에 대해 사진을 찍듯 그 행동이 단순히 일어났다는 사실에 놓여 있다. 부정과거의 이러한 강조점은, 그렇게 일어난 단순 행동을 시작하는 그 '시작'을 부각시키는 것일

수도 있고(inchoative or inceptive), 또는 그 행동 전체 또는 그런 행동들은 연속을 종합해서 요약한 것(summary)일 수도 있다.

33. 완결된 행동(Completed Action): '완료형 어근'(perfect stem)에 의해 표현되는데, 과거에 일어난 행동의 결과로서 현재까지 지속되는 그 조건이나 상태를 강조한다. 이것은 그 동사에 내포된 행동이 단순히 일어났다는 사실 그 이상을 표현한다. 즉, 그 행동으로 일어난 영속적인(permanent) 결과나 영향을 강조하는 것이다.

IV. 직설법(BDF 319-334, 340-349)

34. 직설법은 단순한, 그리고 확실한 진술(absolute declarations)에 사용된다. 직설법을 통해, 화자 또는 저자는 어떤 것이 사실이라는 주장을 하는 것이다. 직설법은 그래서, 그 화자/저자가 보고 제시하는 사실 또는 현실을 위한 표현 방식이다. 이렇게 선언적이고 독립적인 주장에 대한 부정(negative)은 그 동사 앞에 οὐ를 사용해서 표현한다.

35. 단순 선언 문장은 마찬가지로 직설법을 사용해서 질문으로 바뀔 수 있다. 때때로 질문은 의문 대명사나 부사, 또는 ἆρα, ει, τῖς, πότε, πῶς 등과 같은 불변화사(particles)를 사용해 표현할 수 있다.

36. 직설법을 사용하는 질문들에서 οὐ로 시작되는 문장은 긍정적인 대답을 기대한다. 반면, μή로 부정되는 직설법 의문은 부정적 대답을 기대한다(BDF 427[2]).

37. 직설법에서만, 시제는 시간적 가치를 갖는다(참조. 제2부 5항). 또한 직설법에서 현재, 과거, 미래의 시간 개념의 각각에서 '행동의 종류'(*Aktionsart*)인, 지속, 단순, 그리고 완료 행동 개념이 나타날 수 있다. 그러므로 직설법의 동사 체계는 아홉 가지의 동사 형태들을 가질 수 있는 셈이다.

38. 다음의 직설법에 대한 설명에서, 세 가지 행동의 종류는 각기 세 가지 시간의 범주 아래에 묘사된다(즉, 현재-지속, 현재-단순, 현재-완료, 과거-지속, 과거-단순, 과거-완료, 미래-지속, 미래-단순, 미래-완료의 조합).

A. 직설법에서 현재 시제

39. 현재 시제에서 지속적 행동은 직설법 현재로 표현되며, 쓰거나 말하는 그 시점에 계속되는 행동을 가리킨다.

a. 서술적 현재(Descriptive Present): 가장 흔한 용법인데, 진행 중인 행동을 나타내며 종종 현재 진행형으로 번역된다.

– 마 25:8 αἱ λαμπάδες ἡμῶν σβέννυνται

'우리의 등잔이 꺼져 갑니다.'

b. 반복적이거나 습관적인 행동을 현재로 표현하기도 한다.

- 고전 11:26 τὸν θάνατον τοῦ κυρίου καταγγέλλετε

'너희가 주의 죽으심을 (여러 번, 반복적으로) 선포한다.'

c. 어떤 행동의 시작(inchoative)이나, 실현되지는 않았지만 시도한(conative) 행동을 표현하는 경우도 있다(BDF 319).

- 요 9:34 καὶ σὺ διδάσκεις ἡμᾶς

'그런데 네가 우리를 가르치려 드느냐?'(참조. 갈 5:4; 6:12).

d. 점진적인 현재(Progressive Present): 과거의 행동이 (완결되지 않은 채) 현재까지 지속되고 있는 경우를 나타낸다. 동사의 시제적 표현은 과거로부터 현재까지 확장되는 기간을 가리킨다.

- 요 14:9 τοσούτῳ χρόνῳ μεθ' ὑμῶν εἰμι⋯;

'내가 너희와 함께 얼마나 오래 있어 왔느냐?'

e. 부연 설명적 현재(Periphrastic Present)의 용례는 비교적 희박하다.

40. 현재 시제에서 단순 행동은 현재 직설법으로 표현되는데, 쓰거나 말하는 시점에서 일어난 그 순간의(punctiliar) 행동을 가리킨다.

a. 부정과거적 현재(Aoristic Present, BDF 320): 어떤 지속성을 표현할 의도가 없이, 단순한 행동을 묘사하거나 특정하는 경우이다.

- 요 5:34 ἐγὼ δὲ οὐ παρὰ ἀνθρώπου τὴν μαρτυρίαν λαμβάνω, ἀλλὰ ταῦτα λέγω

  '내가 사람을 따라 그 증거를 받지 않고, 이것을 말한다.'

b. 역사적 현재(Historic Present, BDF 321): 어떤 행동의 생생함을 강조하기 위해, 과거의 행동을 쓰거나 말하는 시점에서 진행되는 것처럼 현재형을 사용해서, 묘사하는 경우이다.

- 요 1:29 Τῇ ἐπαύριον βλέπει τὸν Ἰησοῦν

  '그다음 날, 그는 예수를 보았다.'

c. 미래적 현재(Futuristic Present): 미래의 행동이지만, 그 극적인 면이나 예언적인 확실성을 위해 현재 시제로 표현하는 경우로서, 현재형으로 미래를 표시한다.

- 마 26:18 ποιῶ τὸ πάσχα

  '내가 유월절을 지키리라.'

d. 잠언적 현재(Gnomic Present): 언제나 참된 것으로 간주되는, 실재에 있어서 항상 옳다고 여겨지는 잠언 같은 사실을 말할 때 사용된다.

- 요 7:52 ἐκ τῆς Γαλιλαίας προφήτης οὐκ ἐγείρεται

'갈릴리에서는 선지자가 나오지 않는 법이다.'

41. 현재 시제에서 완결된 행동은 직설법 완료로 표현되며, 이전의 행동의 현재적 결과를 가리킨다. 영어에는, 헬라어의 현재완료와 정확히 일치하는 개념이 없다. 헬라어의 현재완료는 두 가지 강조점을 가진다. (i) 직설법 완료는 그 이전의 행동으로 인한 결과가 현재에도 지속되는 점을 강조한다. 만일 과거의 사건만을 강조하려면 부정과거형을 쓴다. 완료 시제는 과거 사건에 더해서 그 사건으로부터 발생한 현재의 상태를 강조한다. (ii) 헬라어의 완료 시제는 결과에 초점을 둔다. "헬라어의 완료는 말하자면, 현재와 부정과거를 결합해 놓은 것이다. 이로써 완결된 행동의 지속성을 강조한다"(BDF 340).

a. 결과적 완료(Resultative Perfect, BDF 342): 과거에 완결된 행동에 근거한 현재의 결과적 상태를 묘사한다. 이것이 헬라어 완료형의 가장 보편적인 용법이다.

- 요 20:25 ἑωράκαμεν τὸν κύριον

'우리가 주를 보았다'(본 사실이 지금껏 남아 있다; 즉, 우리가 주를 본 증인들이다).

b. 풍유적 완료(Allegorical Perfect, BDF 342): 구약 사건이 갖는 현대적 상관성을 설명하는 데에 쓰인다.

- 히 8:5 καθὼς κεχρημάτισται Μωϋσῆς

'모세가 지시받았던 것처럼.'

c. 부정과거적 완료(Aoristic Perfect; BDF 343): 완료형이지만 헬라어의 완료형 개념이 이전 행동의 현재 결과를 강조하는 것과는 달리, 거의 부정과거처럼 쓰이는, 많지 않은 경우이다. 때로 이런 경우 완료형은 과거의 사건을 생생하게 보여주려는 의도를 가지고 있는데, 이를 '극적인 역사적 현재완료'라 부르기도 한다.

- 계 5:7 καὶ ἦλθεν καὶ εἴληφεν

'그리고 그가 와서 받았다[완료형].'

d. 부연 설명적 완료(Periphrastic Perfect): 참조. 제2부 24항 d.

42. Moulton은 완료 시제를 가리켜 '헬라어 시제들 중에서 주해적으로 가장 중요한 시제'라고 말했다. '완료형'을 해석할 때는 항상 두 측면의 강조점을 기억해야 한다. 즉, 완료형은 어떤 사건이 '앞서 일어났다'는 측면과 동시에 그 결과가 지금도 '지속적으로 일어나는' 조건이나 상태로 존재함을 모두 나타낸다. 완료형이 이 두 측면 중 어느 하나를 부각시키더라도, 통상 단지 부정과거와 동의어처럼 쓰이지는 않는다.

B. 직설법에서 미래 시제

43. 미래 시제에서는 통상, 행동의 종류들(*Aktionsarten*)이 특정되

지는 않는다(BDF 318, 348). 그러므로 미래 시제의 주된 기능은 미래 시제를 표현하는 것이다. 때때로, 문맥이 어떤 행동의 종류를 함축적으로 의미하는 경우도 있다.

- 지속적 행동: 빌 1:18 ’Αλλὰ καὶ χαρήσομαι
  ‘하지만 나는 (계속) 기뻐할 것이다.’
- 단순 행동: 마 24:30 καὶ τότε φανήσεται τὸ σημεῖον
  ‘그때에는 그 징조가 나타날 것이다.’

44. 미래 직설법은, ‘미래적, 기원적, 의도적’의 세 가지 의미로 쓰일 수 있다(연속적 행동과 단순 행동 모두에 적용된다).

a. 미래적(Futuristic) 용법: 단순히 미래에 일어날 사건을 가리킨다. 가장 흔한 용법이다.

- 마 3:11 αὐτὸς ὑμᾶς βαπτίσει ἐν πνεύματι ἁγίῳ καὶ πυρί
  ‘그가 너희에게 성령과 불로 세례를 주시리라.’

b. 기원적(Volitative) 용법: 미래에 행할 결정된 의지를 표현하는데, 미래에 일어날 일에 대한 명령에 준하는 용법으로서 종종 구약 인용문에 나타난다.

- 마 6:5 οὐκ ἔσεσθε ὡς οἱ ὑποκριταί
  ‘너희는 위선자들이 되지 말지어다(말아야 한다).’

c. 의도적(Deliberative) 용법: 질문 형식에 있어서 미래 시제의 사용은 사실 여부가 아니라, 예상하고 있는 행동의 가능성, 의도성 또는 필요성을 묻는 것이다. 의도의 가정법(Deliberative Subjunctive)과 유사하다.

- 롬 9:14 Τί οὖν ἐροῦμεν

'그러면 우리가 무엇이라 말할 수 있는가(또는, 말해야 하는가)?'

45. 완결된 행동을 미래 시제에서 표현하기 위해서는, 미래완료가 사용된다. 하지만 미래완료는 거의 사용되지 않았다. 신약에서 의심의 여지없는 경우로서는 단지 히브리서 8:11에 나오는 εἰδήσουσίν뿐이다.

46. 어떤 부연 설명 구조들은 미래 행동을 표현하는 데에 사용된다.

a. 부연 설명적 미래(Periphrastic Future, BDF 353): εἶναι의 미래 직설법의 형태로서 현재 분사와 함께 사용되어 그 행동의 연속적이고 지속적인 면을 강조한다.

- 눅 22:69 ἔσται ὁ υἱὸς τοῦ ἀνθρώπου καθήμενος

'사람의 아들이 앉아 있게 될 것이다.'

b. 부연 설명적 미래완료(Periphrastic Future Perfect, BDF 352)는 매

우 드물게 사용되었고 통상적인 미래완료를 대체하는데, εἶναι의 미래 직설법이 완료 분사와 함께 쓰인다. 신약에서는 단지 4회 발견된다(마 16:19; 18:18; 눅 12:52; 히 2:13).

c. μέλλω와 함께 쓰이는 부연 설명적 용법(Periphrastic with μέλλω, BDF 338[3], 356)은, μέλλω의 동사 형태와 부정사(Infinitive)가 결합한 구조로 되어 있으며(대부분은 현재이며, 때때로 부정과거, 간혹 사도행전에서 미래형), 일어날 사건의 임박성을 강조한다.

- 마 16:27 μέλλει γὰρ ὁ υἱὸς τοῦ ἀνθρώπου ἔρχεσθαι ἐν τῇ δόξῃ
  '왜냐하면 사람의 아들이 곧 그 영광 중에 올 것이기 때문이다.'

C. 직설법에서 과거 시제

47. 직설법에서 과거 시제에는, 세 가지 행동의 종류들을 표현하는 세 가지 구별되는 형태가 있다. 미완료 직설법은 연속적인 행동을 나타내고, 부정과거 직설법은 단순 행동, 그리고 완료 직설법은 완결된 행동을 표시한다. 이 세 가지 형태는 모두 과거 시제를 표현하는 첨가어(augment)를 가진다.

48. 과거에서 연속적인 행동은 미완료 직설법으로 표현되는데, 이는 또한 '직선적(linear) 행동', '활동-사진'(motion-picture) 같은 행동, 지속적인 행동들로 묘사될 수 있다.

a. 서술적 미완료(Descriptive Imperfect, BDF 327): 어떤 행동이 과거 시제에 점진적으로 진행되는 것을 묘사한다. 하지만 성취되거나 완결되지 않은 행동이다(종종, 생생한 이야기 묘사에 나온다).

- 마 4:11 καὶ ἰδοὺ ἄγγελοι προσῆλθον καὶ διηκόνουν αὐτῷ

  '보라, 천사들이 와서(부정과거) 그를 섬기고 있었다(미완료).'

b. 반복적 또는 습관적 미완료(Interative or Customary Imperfect, BDF 325): 반복되거나 습관적인 과거 행동을 표현한다.

- 눅 2:41 Καὶ ἐπορεύοντο οἱ γονεῖς αὐτοῦ κατ' ἔτος εἰς Ἰερουσαλὴμ

  '그리고 그의 부모는 매년 예루살렘으로 올라가곤 했다.'

c. 시작이나 시도를 알리는 미완료(Inchoative or Customary Imperfective, BDF 325): 이제 막 시작하거나 또는 시도되었지만 중단된 행동을 표현한다.

- '시작 미완료'의 경우: 마 5:2 ἐδίδασκεν αὐτοὺς λέγων

  '그가 그들에게 가르치기 시작하여 말하기를…'

– '시도 미완료'의 경우: 마 3:14 ὁ δὲ Ἰωάννης διεκώλυεν αὐτὸν λέγων
'그런데 요한이 그를 말리면서 말하기를…'

d. 부연 설명적 미완료(Periphrastic Imperfective): 매우 자주 나타나는 용법이다(참조. 제2부 24항 a).

49. 미완료 직설법은, 어떤 경우에는 현재 시제를 가리킨다.

a. 비실세적 조건(Unreal Conditions, BDF 360, 371[3]): 현재 시제를 가리키면서, 사실에 반해서 비현실적인 조건을 표현하는 미완료 직설법은 조건절(protasis)이나 대개 ἄν과 함께 쓰이는 귀결절(apodosis) 모두에서 사용된다.

– 요 5:46 εἰ γὰρ ἐπιστεύετε Μωϋσεῖ, ἐπιστεύετε ἄν ἐμοί
'만일 너희가 모세를 믿었다면, 나를 믿었을 것이다.'

b. 소원을 표현하는 구조들(Constructions expressing a wish):

1) 현재 시점에서 이룰 수 없는 소원은, ὄφελον에 의해 도입된다(BDF 359[1]).

– 계 3:15 ὄφελον ψυχρὸς ἦς ἢ ζεστός
'차든지 덥든지 했다면 좋겠다.'

2) 소망의 미완료(Desiderative Imperfect, BDF 359[2]): 공손하고

주저하는 듯 또는 다소 모호한 방식으로 소원을 표현한다.

– 행 25:22 ἐβουλόμην···τοῦ ἀνθρώπου ἀκοῦσαι

'나는 그 사람을(의 말을) 들어 보고 싶다.'

50. 과거 시제에서 단순 행동은, 부정과거 직설법으로 표현된다. 사진을 찍을 때 스냅숏(snap-shot)처럼 어떤 행동의 순간적 모양새(instantaneousness)를 강조하지만, 부정과거 시제는 그 동작의 시작이나, 어떤 지속성에 대한 연관성 없이 그 행동의 전체적 요약을 가리키기도 한다.

a. 시작의 부정과거(Inchoative Aorist, BDF 331): 현재 동사들과 사용되어 어떤 상태나 조건을 표시한다.

– 행 15:12 Ἐσίγησεν δὲ πᾶν τὸ πλῆθος

'그러자 모든 군중이 침묵하기 시작했다.'

b. 요약적 부정과거(Summary Aorist, BDF 332): 어떤 기간 전체를 포괄하는 행동을 한눈에 보게 하는 역할을 한다.

– 요 1:39 παρ' αὐτῷ ἔμειναν τὴν ἡμέραν ἐκείνην

'그들은 그날 그와 함께 머물렀다.'

51. 어떤 경우들에서, 부정과거 직설법은 현재 또는 현재완료로 번역될 수 있다.

a. 극적인 부정과거(Dramatic Aorist): 현재나 현재완료의 경우처럼 현재에 가까운 최근에 일어난 행동을 가리키는데, 종종 시간을 나타내는 부사와 함께 '이제 막 일어난' 일을 묘사한다.

- 마 9:18 ἡ θυγάτηρ μου ἄρτι ἐτελεύτησεν

'나의 딸이 방금 죽었다.'

b. 잠언적 또는 초시간적 부정과거(Gnomic, Timeless Aorist, BDF 333): 시간에 제약을 받지 않는 일반적인 진리를 표현한다. 대체로 신약에서는 '잠언적 현재'로 대체된다.

- 요 15:6 ἐβλήθη ἔξω ὡς τὸ κλῆμα καὶ ἐξηράνθη

'밖에 버려져 가지처럼 시들어 버리는 것이다.'

c. 서신적 부정과거(Epistolary Aorist): 발신자가 그 자신을 독자의 입장에 놓고 쓸 때 사용된다. 글을 쓰는 당시의 시간과 동시적인 행동들이 과거로 비추어진다.

- 고전 5:11 νῦν δὲ ἔγραψα ὑμῖν

'이제 나는 너희에게 쓴다.'

52. 어떤 경우에 부정과거는 과거완료로 번역된다. 헬라어는 과거에 일어난 일들에 대한 상대적인 시제들에 대해 거의 관심을 보이지 않는다. 과거에 어떤 행동 이전에 일어난 행동에 대해서 헬라어는 많이 강조하지 않지만, 문맥으로 판단하여 이런 경우의 부정과거

는 과거완료로 번역한다. 이런 현상은 특히, 관계절이나 시간을 나타내는 간접 문장 같은 종속절에서 자주 일어난다.

- 요 19:30 ὅτε οὖν ἔλαβεν τὸ ὄξος Ἰησοῦς εἶπεν
  '그때에 예수께서 신포도주를 받으셨고 말씀하시기를…'

53. 과거 시제에 있어서 완결된 행동은, 통상 과거완료 직설법으로 표현된다(BDF 347). 헬라어는 상대적인 시간에 대해 거의 신경 쓰지 않기 때문에, 과거완료는 널리 쓰이지 않는다(신약에서는 단지 22회만 사용된다).

a. 결과적인 과거완료(Resultative Pluperpect): 앞서 완결된 행동에 뒤따르는 결과나 상태를 표현한다.
   - 막 16:9 παρ' ἧς ἐκβεβλήκει ἑπτὰ δαιμόνια
     '그녀에게서부터 [그가] 일곱 귀신들을 쫓아낸 적이 있는…'

b. 미완료의 의미를 가진 과거완료(Pluperfect with Imperfect meaning): 어떤 동사들은, 그 과거 형태가 곧 현재의 의미를 가지며, 그 과거완료 형태는 미완료의 의미를 전달한다.
   - 요 1:31 κἀγὼ οὐκ ᾔδειν αὐτόν
     '나 역시 그를 모른다[과거완료](지금도 모르는 상태이다).

c. 부연 설명적 과거완료(Periphrastic Pluperfect): 예컨대, εἶναι

와 함께 사용되는 과거완료(고전 15:19).

V. 가정법(BDF 363-366, 368-371, 373-383)

54. 가정법은 독립적이나 종속절 모두에서 사용된다. 직설법과는 대조적으로 가정법은 의심을 담은 발언이며 개연성을 표현하면서 미래를 가리킨다. 가정법에서 부정(negation)을 표시하려는 경우에는 μή를 사용한다. 가정법에서 현재 시제나 부정과거 시제는 순전히 '행동의 종류'(*Aktionsart*)의 문제 즉, 현재 시제로서 지속적이고 반복적인 행동을 표현하든지, 또는 단순 과거로서 단순히 시작된 행동(inchoative)이나 총괄적이고 요약적(summary) 행동을 표시한다.

A. 독립절에 쓰이는 가정법

55. 금지를 나타냄(Prohibitions, BDF 364[3]): 부정과거 가정법을 μή와 함께 써서 부정적인(negative) 부정과거 명령을 표현한다.

56. 청유적 가정법(Horatory Subjunctive, BDF 364): 가정법 1인칭 복수를 사용해서, 화자가 자신이 이미 결정한 행동에 어떤 사람들이 함께 참여하도록 독려하는 권고를 표현한다. 1인칭 단수 가정법을 사

용하는 경우(신약에서는 드물지만), 이는 다른 사람들에게 자신의 어떤 행동을 허락해 달라는 요청을 표현하며, 도입부에 ἄφες나 δεῦρο가 사용되기도 한다.

- 눅 2:15 διέλθωμεν δὴ ἕως Βηθλέεμ καὶ ἴδωμεν τὸ ῥῆμα
  '우리가 베들레헴까지 가서 그 말을(말한 것을) 보자.'

57. 의도의 가정법(Deliberative Subjunction, BDF 366): 질문에 사용되는 가정법은 무엇을 할 것인지에 대한 화자의 의심(대체로 부정과거 시제)을 표현한다. 종종, 그 대답은 명령법으로 주어진다.

- 요 6:5 πόθεν ἀγοράσωμεν ἄρτους
  '우리가 어디에서 빵을 살까(살 수 있을까)?'

58. 미래에 대한 강한 부정(Emphtic Future Negation, BDF 365): 부정과거 가정법을 이중 부정을 표시하는 ού μή와 함께 써서, 미래에 대한 강한 부정을 표현한다. 종종, 미래 직설법도 강한 부정을 표현하는 데에 사용된다.

- 마 5:20 οὐ μὴ εἰσέλθητε εἰς τὴν βασιλείαν τῶν οὐρανῶν
  '너희가 결단코 하늘나라에 들어가지 못하리라!'

B. 종속절에 쓰이는 가정법

59. 가정법은 미래를 표시하는 어떤 종속절들에서 사용되기도 하는데, 과거의 관점에서 볼 때 미래이거나 미래이었던 것을 가리키는 종속절들이다. 가정법을 사용하는 전형적인 종속절의 형태는 소위 ἵνα-절을 사용하는 경우, ἔαν 등과 함께 기대 조건들(Anticipatory Conditions)을 표시하는 종속절, 그리고 ὅταν, ἕως, ἄρχι 등과 함께 시간을 표시하는 종속절이 있다.

60. 목적이나 결과를 표시하는 ἵνα-절 안에서는 대체로 가정법이 사용된다. 간혹 직설법이 사용되는 경우도 있다. 신약에서 ἵνα-절 안에 희구법이 사용되는 경우는 없으며, ἵνα-절을 부정하는 경우에는 ἵνα μή나 간단히 μή를 앞세워 표현한다.

a. 목적절(Final Clauses, BDF 390[3]): 부사절로서 ἵνα에 의해 도입되며, 주동사의 행동의 목적이나 계획적인 의도를 표현한다. '왜?'라는 질문에 대답하는 기능을 한다. 주동사 다음에 오는 이런 목적절에 가정법이 사용되기도 한다. 이럴 경우, 가정법은 순전히 행동의 종류를 표현한다.

- 요 5:34 ἀλλὰ ταῦτα λέγω ἵνα ὑμεῖς σωθῆτε
  '하지만 내가 이런 것들을 말하는 것은 너희로 구원을 얻게 하려 함이다.'
- 요 10:38 τοῖς ἔργοις πιστεύετε, ἵνα γνῶτε καὶ

γινώσκητε

'너희가 이 일들을 믿으라, 그리하여 알게 되고 또한 알도록.'

b. 명사적 목적절(Sub-final Clauses, BDF 392, 393): 대체로 ἵνα 그리고 가끔 ὅπως에 의해 도입되며, 가정법을 포함한 명사절로서 주어나 목적어로 사용된다. 대체로 주동사가 '노력하고 애쓰는', '찾는', '명령하는', '기도하는', '두려워하는' 내용을 포함할 때, 목적절은 그런 동사의 목적어로서, '무엇을?'이라는 질문에 대한 답으로 주어진다. 어떤 경우에, 명사적 목적절은 주어로 쓰이기도 하는데, 특별히 사람이 주어로 오지 않는 '비인격 동사'(impersonal verbs)의 주어인 경우에 그러하다. 그 외에도, 명사적 목적절은 명사와 병렬로 놓여 그 명사와 동격인 위치에서(appositional) 설명을 보충하기도 한다.

- 막 7:25 ἠρώτα αὐτὸν ἵνα τὸ δαιμόνιον ἐκβάλῃ

  '그에게 귀신을 쫓아 달라고 간청했다.'

- 마 5:29 συμφέρει γάρ σοι ἵνα ἀπόληται ἓν τῶν μελῶν σου

  '왜냐하면 너에게 더 유익하기 때문에, 네 지체들 중 하나를 잃어버리는 것이.'

c. 명령절(Imperatival Clauses, BDF 387[3]): 신약에서 어떤 ἵνα절은 주동사 없이 실제로 명령절의 역할을 하는데, 이때의 가

정법은 명령으로 번역된다.

– 막 5:23 ἵνα ἐλθὼν ἐπιθῇς τὰς χεῖρας αὐτῇ

'와서 당신의 손을 그녀에게 얹으시오'(참조. 엡 5:33; 요 9:3; 막 12:19).

d. 결과절(Result Clause, BDF 39[5]): 신약에는 ἵνα–절이 명백히 결과를 의미하는 경우가 많이 나온다.

– 요 9:2 τίς ἥμαρτεν…ἵνα τυφλὸς γεννηθῇ

'누가 죄를 범해서…그가 소경이 되었는가?'

e. 원인절(Causal Clause): 주후 2세기경 후기 헬라 시대에 ἵνα–절이 원인을 표시하는 용도로 사용된 용례들이 있다. 이런 용법은 교부들의 저작에서도 나타난다. 신약에서도 그러한지는 논란이 있지만, 원인절로 해석할 때 훨씬 의미가 잘 드러나는 경우가 있다. 예를 들어, 요한복음 8:56, 요한계시록 14:13, 로마서 5:20, 6:1, 그리고 마가복음 4:12 등이다.

61. 시간의 종속절(Temporal Clauses, BDF 382, 383): 그 동사가 가정법으로 쓰이며 확정되지 않은 미래를 가리킨다. 이러한 시간의 종속절은 일반적으로 ὅταν(언제, 언제나), ἕως(…까지), ἄρχι(…까지)에 의해 도입되며 시작된다. 특히 ἄν을 ἕως, ἄρχι와 함께 사용할 때 특정되지 않은 시제를 가리키는 절이 된다.

– 마 2:13 καὶ ἴσθι ἐκεῖ ἕως ἂν εἴπω σοι

'그리고 내가 너에게 말할 때까지 거기에 있으라.'

62. 기대를 나타나는 조건 문장(Anticipatory Conditional Sentences): 기대를 나타내는 조건절은 ἐάν에 의해 도입되는 가정법을 갖는다.

VI. 명령법(BDF 335-337, 387)

A. 명령형

63. 명령법은 명령이나, 권유, 기도 또는 간구를 표현하는 데에 사용한다. 헬라어에는 2인칭 명령형이 있고 3인칭 명령형이 있다. 후자는 '…으로 하여금 …하게 하라'는 식으로 번역된다.

– 고전 14:34 αἱ γυναῖκες ἐν ταῖς ἐκκλησίαις σιγάτωσαν

'여성들은 교회에서 잠잠하도록 하라.'

64. 신약에 나타나는 명령법의 예들은 거의 현재이거나 부정과거형으로 쓰여 있다. 명령형은 어떤 시제를 나타내지 않는다. 모든 명령은 현재나 미래를 전제하며, 명령법에 쓰이는 시제는 행동의 종류를 나타낸다. 일반적 원칙으로서, 현재 명령형은 연속적이거나 반

복적인 행동을 표시하고, 부정과거 명령형은 연속적이거나 반복된다는 개념 없이 단순 행동을 표시한다. 부정과거 명령형은 행동의 시작을 알리는 경향이 있으며, 종종 현재 시제를 사용하는 명령형과 대조적으로 단순 행동을 가리킨다.

- 요 5:8 ἆρον τὸν κράβαττόν σου καὶ περιπάτει
  '당신의 돗자리를 집어 들고, 걸어가시오.'
- 행 12:8 περιβαλοῦ τὸ ἱμάτιόν σου καὶ ἀκολούθει μοι
  '당신의 옷을 둘러 입고, 나를 따라오시오.'

65. 종종 현재 명령법은 일관되게 적용되는 일반적인 명령들, 예컨대 규율, 규칙, 태도, 요구되는 행동들을 명할 때 사용된다. 한편, 부정과거 명령법은 특별한 상황들과 관련된 명령을 표현할 때 선호되는 편이다(BDF 335). 하지만 '범주적인 명령들'(categorical injunctions)은 대체로 부정과거 명령법을 사용한다(요약적 부정과거', Summary Aorist). 이런 경우, 일반적인 명령을 표시하는 현재 명령법과 구분이 어렵다(BDF 337[3]). 그 주어진 시제가 표현하는 행동에 대한 어떤 뉘앙스를 판단하기 위해서는 문맥을 확인해야 한다.

66. 부정과거 명령법은, 흥미롭게도 하나님께 드리는 기도에서도 발견된다(BDF 337[4]). 이때 부정과거 시제는 급박함의 의미를 담고 있다. 예를 들어, 특별한 문제에 있어서 그것에 계속 묶여 있기보다 놓여나고 치유받기 위한 목적이다. 마태복음 6:9-13의 주기도문

에도 여섯 개의 부정과거 시제가 나온다. 그중 하나는, 금지의 의미로 사용된 부정과거 가정법이다. 누가복음에 기록된 주기도문에는, 그 여섯 가지 중 하나가 현재 시제로 표현되었다(눅 11:3, '주소서'). 마태복음에서 '오늘날'(σήμερον)이라는 표현 대신, '날마다'(καθ' ἡμέραν)로 표현되었기 때문에 짝을 맞춘 것으로 보인다.

- 마 6:11 ὸν ἄρτον ἡμῶν τὸν ἐπιούσιον δὸς ἡμῖν σήμερον
  '오늘날, 일용할 양식을 우리에게 주옵소서'(부정과거 명령법 2인칭 단수).
- 눅 11:3 τὸν ἄρτον ἡμῶν τὸν ἐπιούσιον δίδου ἡμῖν τὸ καθ' ἡμέραν
  '일용할 양식을 날마다 우리에게 주소서'(현재 명령법 2인칭 단수).

B. 금지형

67. 금지 용법은, 헬라어에서는 부정적인 명령으로서 μή 그리고/또는 그와 붙어 나오는 접사들(compounds, 예컨대 μηδέ)과 동사들로 표현되는데, 동사들은 현재 명령법이거나 단순 부정 가정법의 형태로 쓰인다.

68. 금지에 있어서 연속적인 행동은 μή와 함께 현재 명령법으로

표현된다. 이런 형식은 현재 행해지고 있는 어떤 행동을 중지하라는 명령이다. 즉, 그런 행동을 계속하지 말라는 의미이다. 이는, 현재 시제가 표현하는 행동의 종류(*Aktionsart*) 개념과 일치한다(BDF 336).

- 요 20:17 μή μου ἅπτου
  '나를 붙잡고 있지 말라'(Stop holding me).
- 딤전 5:22 μηδὲ κοινώνει ἁμαρτίαις ἀλλοτρίαις
  '다른 사람들의 죄에 동참하기를 그치라' 또는 '계속 동참하지 말라.'

69. 금지 명령에서 단순 행동은 μὴ와 함께 부정과거 가정법으로 표현한다. 이때, 간혹 3인칭이 사용되기도 하지만 대체로는 2인칭을 취한다. 그 의미는, '생각하고 있는 그 행동을 시작하지 말라'는 취지이다(BDF 337). 금지에 있어서, 현재 시제는 진행 중이거나 시도되는(참고. 막 9:39) 행동과 늘 관련이 있다. 부정과거 시제는 아직 시작되지 않은 행동을 언급한다(시작의 부정과거, Inchoative Aorist).

- 마 6:2 μὴ σαλπίσῃς ἔμπροσθέν σου
  '네 앞에 나팔을 불지 말라.'

VII. 희구법 (BDF 317, 384-386)

70. 신약에는 대략 67회 정도의 희구법(Opative Mood)의 예들이 나온다. 누가복음과 사도행전에서 28회, 바울서신에는 31회, 베드로전서 3회, 유다서 2회, 그리고 마가복음, 히브리서, 베드로후서에 각각 1회씩 나타난다. 희구법은 헬라 고전문학에서는 빈번하지만, 신약에서는 다른 용법들이 그 기능의 대부분을 대치했다. 희구법은 원래 화자의 환상적인 기대나 이상적인 상상을 표현하는데, 단순히 조금 약한 가정법 정도가 아니라 그 이상이다. 신약에서 희구법의 시제는 현재나 부정과거이며, 미래는 사용되지 않는다.

71. 기원의 희구법(Volitive Optative, BDF 384): 획득 가능한 기원을 표현한다. 신약에 나오는 38회의 예들에서, 빌레몬서 20절을 빼고는 모두 3인칭 단수가 사용되었다. 부정할 때는, μὴ가 사용된다(BDF 427[4]). 그리고 사도행전 8:20(εἴη, 현재 희구법)을 제외하고는 모두 부정과거 시제가 사용된다. 부정과거의 이런 용법은, 앞서 부정과거 시제가 표출하는 행동의 종류 가운데 '긴급성과 즉각성'(urgency and immediacy)을 표현하는 용도와 잘 부합한다.

a. 기원의 희구법의 예들 가운데 15회는 μὴ γένοιτο의 형태이다(14회는 바울서신, 그리고 눅 20:16). 이 문구는 매우 강력한 저항을 표현한다. '결단코 그럴 수 없느니라'(롬 6:2) 또는 '결

코…아니다'(눅 20:16)처럼 번역된다.

b. 기원의 희구법의 나머지 예들은 기도와 간구에 나온다. 바울서신에만 15회 또는 16회의 예들이 나온다.

– 살전 3:12 ὑμᾶς δὲ ὁ κύριος πλεονάσαι καὶ περισσεύσαι τῇ ἀγάπῃ

'주께서 사랑 안에서 여러분을 풍성케 하시고 차고 넘치게 하시기를 기원합니다.'

72. 가능성의 희구법(Potential Optative, BDF 385): 언제나 ἄν과 함께 쓰이면서, 명시 또는 함축된 조건이나 상황에 의존하는 미래의 어떤 행동을 나타낼 때 사용된다. 신약에서는 대략 9회 정도 사용되는데 모두 누가복음과 사도행전에서 발견된다. 이런 용례의 대부분은 간접 질문들이지만, 희구법은 직접 질문에서는 현재로 표현된다. 구조적으로, 가능성의 희구법은 이상적인 조건적 문장의 귀결절(apodosis)에 나타난다.

– 눅 6:11 διελάλουν πρὸς ἀλλήλους τί ἄν ποιήσαιεν τῷ Ἰησοῦ

'그들은 예수에게 어떻게 할지 서로 의논하고 있었다.'

73. 희구법의 다른 용례(종속절에서):

a. 간접 질문(Indirect Quetions, BDF 386): 고전 헬라어에서, 간접 질문에 나오는 동사는 과거 시제의 주동사에 이어서 희구법으로 표현된다. 신약에서 이런 구조는 매우 드믄데, 오직 누가복음과 사도행전에만 나타난다.

- 행 25:20 ἔλεγον εἰ βούλοιτο πορεύεσθαι εἰς Ἱεροσόλυμα
  '나는 그가 예루살렘에 올라가기를 원하는지(희구법) 물어보았다.'

b. 조건절에서(Conditional Clauses): 조건을 표시하는 구조에서 사용되는 희구법은 εἰ에 의해 도입되는데 신약에서는 드물게 나타나며, 대개 '해야 한다'(should) 또는 '그럴 수 있다'(might) 정도의 의미로 번역될 수 있다. 구조적으로 볼 때, 이는 이상적 조건적 문장에서 귀결절에 해당한다.

1) 드러난 결론과 함께.
   - 벧전 3:14 εἰ καὶ πάσχοιτε διὰ δικαιοσύνην, μακάριοι
     '만일 당신이 의를 인하여 고난을 받으면 복이 있나니…'

2) 주저함과 불확실함을 표현하는 삽입 어구적(Parenthetical) 구조에서.
   - 행 20:16 εἰ δυνατὸν εἴη αὐτῷ
     '만일 그것이 그에게 가능하다면…'

3) 시간적 절에서(Temporal Clauses): 시간을 표시하는 용도로 희구법이 사용되는 경우는 신약에서 단 한 번 나온다.

– 행 25:16 πρὶν ἢ ὁ κατηγορούμενος κατὰ πρόσωπον ἔχοι τοὺς κατηγόρους
'그 피고인이 고소한 자를 얼굴과 얼굴로 대면하기(희구법) 전에…'

VIII. 조건 문장 (BDF 360, 371-376)

74. 조건 문장(Conditional Clauses)은 두 부분으로 되어 있는데, '만약'으로 시작하거나 조건을 표시하는 조건절(Protasis), 그리고 결론을 표시하는 귀결절(Apodosis)이다. 귀결절은 조건절에서 표현되는 상황에 관련된 독립절로서, 실제로는 독립절이 갖는 어떤 동사의 구조도 가질 수 있다. 조건절은, 저자/화자가 상정하고자 하는 상황이나 조건과 관련해서 그 개연성이나 사실성의 정도에 따라 다양한 방식으로 구성될 수 있다. 조건절에서 강조점은 사실 자체보다는, 저자/화자가 그 사실에 관해 상정하는 바나 그 선언(statement)에 놓여 있다.

75. 조건 문장의 조건절은 다양한 법(mood), 즉, 직설법(실재의 법, mood of reality), 가정법(기대의 법, mood of anticipation), 희구법(소원, 이상의 법, mood of fancy, the ideal)이 사용될 수 있다. 어떤 법을 취하느냐 하는 것은, 그 동사의 시제나 법이 가진 뉘앙스에 따라 다르다. 조건절은 통상 εἰ 또는 ἐάν(εἰ + ἄν)에 의해 도입된다.

76. 고전 헬라어에서 조건 문장들의 분류는 아래와 같다:

a. 조건이 확정적인 경우, 전제가 사실 또는 사실이 아닌 것으로 추정되는 경우:

	[조건절]	[귀결절]
1) 사실인 경우, 논리적 조건:	εἰ + 직설법	대체로 직설법
2) 사실이 아닌 경우, 비현실적 조건:	εἰ + 직설법 제2시제 (미완료, 부정과거)	직설법 제2시제 + ἄν

b. 조건이 확정적이지 않아서 불확실성의 요소가 가정법, 희구법을 요청하는 경우:

	[조건절]	[귀결절]
1) 개연성, 기대의 요소가 있는 경우:	ἐάν + 가정법	직설법 기본시제
2) 덜 개연적이고 이상적인 기대:	εἰ + 희구법	희구법 + ἄν

77. 신약에 있어서 조건 문장들의 사용 횟수(총 734회):

εἰ + 직설법(논리적 조건)	339회
εἰ + 직설법 제2시제(비현실적 조건)	51회
ἐάν + 가정법(기대하는 조건)	332회
εἰ + 희구법(이상적인 조건)	12회

78. 신약에 나타나는 조건 문장들의 분류:

a. 논리적(Logical): 조건이 확정적이거나 또는 사실로 추정되는 경우.

b. 비현실적(Unreal): 조건이 확정적이거나 또는 사실이 아닌 것으로 추정되는 경우.

c. 기대적(Anticipatory): 조건이 비확정적이지만, 개연성이 있다고 생각되는 경우.

d. 이상적(Ideal): 조건이 비확정적이고 개연성이 낮다고 생각되는 경우로서, 신약에서 완전히 이상적인 조건 문장은 발견되지 않는다.

79. 논리적 조건(Logical Condition, BDF 372): 조건이 사실인 것으로 전제되며, 귀결문도 논리적 결론을 표시한다. 조건문은 '왜냐하면'(since)이라는 의미에 가깝다. 때때로 화자는, 예컨대 '왜냐하면, 그가 주장한 대로…'(참조. 눅 23:35)의 경우처럼, 상대의 주장을 사실로 간주한다.

- 조건절(Protasis): εἰ와 함께 직설법 현재 또는 과거 시제, 드물게 미래 시제가 사용된다. 조건문을 부정하기 위해서는 οὐ를 쓴다.
- 귀결절(Apodosis): 어떤 법이 와도 되지만, 대체로는 직설법이 사용된다.

– 마 4:6 εἰ υἱὸς εἶ τοῦ θεοῦ, βάλε σεαυτὸν κάτω

'만일 (왜냐하면) 당신이 하나님의 아들이라면(이기 때문에 – 사실을 전제함), 당신 자신을 아래로 던지라.'

80. 기대적인 조건(Anticipatory Condition, BDF 373)을 나타내는 조건 문장에서, 귀결절은 기대하는 조건의 결과를 표시한다. 미래는 마치 현재인 것처럼 취급된다. 조건절은 대체로 ἐάν에 의해 도입되는데, 가정법이 사용되며 화자의 의지나 기대를 표현한다. 따라서 미래에 관련된 표현에서는, 사실이나 실재에 관한 직설법을 사용하는 '논리적 조건절'보다는, '기대적 조건절'이 더 적절하다. 귀결절에는 직설법과 기본 시제 또는 그와 동등한 형태가 사용된다(참조. 제2부 81항 b).

– 마 15:14 τυφλὸς δὲ τυφλὸν ἐὰν ὁδηγῇ, ἀμφότεροι εἰς βόθυνον πεσοῦνται

'만일 소경이 소경을 인도한다면, 둘 다 구덩이에 빠질 것이다.'

– 마 9:21 ἐὰν μόνον ἅψωμαι τοῦ ἱματίου αὐτοῦ σωθήσομαι

'만일 내가 그의 겉옷을 만지기만 하면, 낫게 될 것이다.'

81. 기대적인 조건에 대한 몇 가지 관찰:

a. 기대적인 조건의 조건절을 부정문으로 만들려면 μή를 사

용한다.

b. 기대적인 조건의 귀결절에 나오는 동사는 미래를 가리키는데, 이는 조건절에 사용되는 가정법의 속성에 따른 것이다. 귀결절의 동사는 현재 직설법, 미래 직설법 혹은 그와 동등한 형태, 즉, 명령법, 청유적(hortatory) 가정법, 기원의(volitive) 희구법, 강한 미래 부정법, 금지를 나타내는 형태들이 사용된다.

- 요 19:12 ἐὰν τοῦτον ἀπολύσῃς, οὐκ εἶ φίλος τοῦ Καίσαρος

  '만일 당신이 이 사람을 놓아주면, 카이사르의 친구가 아니다.'

- 요 16:7 ἐὰν γὰρ μὴ ἀπέλθω, ὁ παράκλητος οὐκ ἐλεύσεται πρὸς ὑμᾶς

  '만일 내가 떠나지 않으면, 보혜사가 너희에게 오지 않을 것이나.'

c. 신약에 나타나는 조건문들 가운데, 귀결절에 현재 직설법이 나오고, 조건절에는 ἐὰν과 가정법이 나오는 경우가 110회가 넘는다. 이런 형태의 조건 문장은 단순히 '현재의 일반적 조건'(Present General Conditions)과 동일시되어서는 안 된다. 많은 경우에 특정한 상황을 가리키며 귀결절의 현재 직설법은 종종 미래적 의미를 갖기 때문이다(참고. 미래적 현재[Futuristic Present], 제2부 40항 c). 둘 중 어떤 경우인지는 자주

그 문맥이 결정한다.

d. ἐὰν은 εἰ와 ἄν이 합쳐 축약된 형태인데, 경우에 따라서 ἄν이 ἐὰν의 짧아진 형태로 대신 사용되기도 한다(요 5:19a; 16:23; 20:23). ὅτε 그리고 ἐπεί도 ἄν과 함께 기대적인 조건문에 가까운 문장을 만들어 낸다. 유사하게, ἄν은 관계절에서 쓰일 때 조건적 관계절을 만든다. 신약에는 ἄν 대신에 ἐὰν이 시간적인 혹은 관계적인 절들에 나타나기도 한다(마 5:19; 행 3:23).

e. 신약에서, 논리적이거나 기대적인 조건문에서 ἐὰν이 직설법과 함께 나타나기 시작한다. ἐὰν이 현재 직설법과 나타나는 경우(살전 3:8; 요일 5:15)와 미래 직설법과 나타나는 경우가 있다(눅 19:40; 행 8:31).

f. 신약에서 기대적인 조건 문장의 조건문에서, εἰ가 가정법과 함께 쓰이는 경우도 꽤 있다(눅 9:13; 빌 3:12).

82. 비현실적 조건(Unreal Condition, BDF 360)을 나타낼 때, 조건문은 사실이 아니거나 사실과 반대되는 사건, 상황, 사실을 상정한다. 강조점은 사실이 아닌 어떤 것에 놓여 있는 것이 아니라, 사실이 아닌 어떤 것을 '상정하는 데'(assumption)에 놓여 있다.

a. 현재 시제를 언급함:

- 조건문(Protasis): εἰ + 미완료 직설법
- 귀결문(Apodosis): 미완료 직설법 + ἄν

- 눅 7:39 οὗτος εἰ ἦν προφήτης, ἐγίνωσκεν ἄν
  '만일 그가 선지자라면(그럴 리가 없지만), 그가 알 것이다.'

b. 과거 시제를 언급함:

- 조건문(Protasis): εἰ + 부정과거 직설법
- 귀결문(Apodosis): 부정과거 직설법 + ἄν

- 마 11:21 εἰ ἐν Τύρῳ καὶ Σιδῶνι ἐγένοντο αἱ δυνάμεις αἱ γενόμεναι ἐν ὑμῖν, πάλαι ἄν ἐν σάκκῳ καὶ σποδῷ μετενόησαν
  '만일 너희 가운데서 행해졌던 일들이 두로와 시돈에서 행해졌다면, 그들이 오래전에 베옷을 입고 재 가운데서 회개하였을 것이다.'

83. 비현실적 조건들에 관한 몇 가지 관찰들:

a. 비현실적 조건문의 조건절을 부정하는 경우 μή를 사용한다.

b. 때때로, 조건절과 귀결절이 서로 다른 시점을 가리키는 혼합된 조건문이 있다.

- 히 4:8 εἰ γὰρ αὐτοὺς Ἰησοῦς κατέπαυσεν, οὐκ ἄν… ἐλάλει…

'만일 여호수아가 그들에게 안식을 주었다면(부정과거), 그가…말하지(미완료) 않았을 것이다.'

c. 신약의 비현실적 문장들에서 때때로 ἄν이 누락되기도 하는데, 특별히 '필요, 의무, 가능성'을 나타내는 동사들과 함께 쓰일 때에 그러하다(요 15:22, 24; 19:11).

IX. 부정사(不定詞)

84. 부정사(Infinitive)는 신약에서 2,276회나 사용된다. 그중 1957회가 관사 없이, 그리고 319회가 관사와 함께 사용된다. 신약에서는, 부정사가 가진 고전적인 기능들이 나타남에도 불구하고, ὅτι나 ἵνα를 사용하는 문장이 점점 더 부정사를 대치하는 현상을 보여 준다. 반면, 신약에서 부정사의 또 다른 기능들, 예컨대 특별히 τοῦ와 함께 쓰이는 '관사적 부정사'(Articular Infinitive)는 더 크게 확장되었음을 알 수 있다.

85. 부정사란, 동사적 명사이다. 즉, 부정사는 동사로서 그리고 명사적(substantive) 특징들과 기능들을 함께 갖는다. 때로는 관사와 함께 격(case)을 가지면서, 그 자체로서는 변화하지 않는 중성적 명사(neuter substantive) 역할을 한다.

86. 동사적 명사로서, 부정사는 명사 또는 명사 대행(a substantive)이 할 수 있는 기능들을 표현한다. 즉, 동사의 주어나 목적어, 또는 전치사의 목적어 역할을 하며, 관사와 함께 또는 관사 없이 쓰이기도 하고, 그리고 다른 명사 형태들이나 형용사들과 함께 쓰일 수 있다.

87. 동사적 명사로서, 부정사는 동사가 할 수 있는 기능들을 한다. 즉, 부정사는 현재, 부정과거, 완료, 그리고 드물게는 미래의 시제를 가질 수 있고, 능동태, 중간태, 수동태의 태(voice)를 가질 수도 있으며, 격(case)을 지배하기도 하고, 부사적인 수식어들로 수식되기도 한다. 부정사를 부정(否定)할 때는, 신약에서는 예외 없이 μή를 사용한다.

88. 부정사의 시제는, 시간이 아니라 행동의 종류(*Aktionsart*)를 표시한다. 예외가 있는데, 간접문에서 사용된 부정사의 시제가 직접문의 동사의 시제와 일치하는 때이다(참조. 제2부 93항).

89. 부정사는, 직설법, 가정법, 희구법, 명령법에 따라 변화하는 동사의 형태들과는 구별된다. 이런 동사의 변화들은 주어의 격과 수

에 따라 한정된다(헬라어에서 동사는 성에 따라 변화하지 않는다). 그래서 '한정된(*finite*) 동사'라고 부르는 것이다. 명사적 형태로서 부정사는 그만큼 한정되지는 않는다. 그래서 '한정되지 않는' 부정사라 부른다. 따라서 원래 부정사의 '주어'라고 부르는 것은 적절치 않다(BDF 392, 406). 하지만 부정사는 일종의 동사로서 그 행동에 관련된 주체를 갖기도 하는데, 그 부정사의 행동의 주체(agent)는 '관련 또는 특정의 4격'(the Accusative of Respect or Specification)으로 표현한다(BDF 160).

90. '보완적 부정사'(Complementary Infinitive, BDF 392, 396)라는 용어는 부정확한 표현이다. 어떤 점에서는, 대부분의 부정사가 문장 안에서 한정된 동사를 보완하므로, '보완적'이라는 수식어는 분류의 한 형태로 사용하기에는 지나치게 방대하다.

91. 부정사는 명사적 형태이므로 관사가 올 수도 있고, 관사 없이 쓰일 수도 있다. 관사 없는 경우를 '무관사 부정사'(Anarthrous Ininitive)로, 관사가 있는 경우를 '유관사 부정사'(Articular Infinitive)라 부르는데, 각각의 용법이 서로 겹치는 부분도 있다.

92. 부정사는, 간접 진술, 간접 명령, 간접 희구, 간접 질문 등의 간접 문장(*Oratio Obliqua*, Indirect Discourse)에 쓰일 수 있다. 부정사는 그것에 부속된 품사들과 함께 주동사의 직접 목적어가 될 수도 있다.

A. 무관사(無冠詞) 부정사의 용법

93. 간접 진술문의 부정사(Infinitive in Indirect Statement, BDF 396): 고전 헬라어에서 널리 사용되는 용법이지만, 신약에서는 대체로 ὅτι에 의해 이끌리는 문장 구조에 의해 대체된다. 이런 무관사 부정사는 누가복음에 많이 사용된다. 부정사의 시제와 태는 '직접 화법'(oratio recta)의 한정된 동사의 그것들과 일치한다. 또한, 그 한정된 동사의 주어는 부정사와 함께 쓰일 때 '관련 또는 특정의 4격'을 취한다. 만일 부정사의 주어로 표시된 4격이 그 동사의 주어와 같을 때는 생략될 수 있다. 간접 진술문에서 부정사가 뒤따라 나오는 동사들에는 λέγω, κατακρίνω, νομίζω, ἐπαγγέλλομαι, (ἐπι)μαρτυρέω, ἀπαρνέομαι, ἀκούω, οἶδα가 있다. 이런 문장 구조에서 직접문은 선언적인 문장이다.

- 막 8:27 τίνα με λέγουσιν οἱ ἄνθρωποι εἶναι;
  '사람들은 내가 누구라고 말하는가?'

94. 간접 명령에 사용되는 부정사(BDF 392[1c, d], [4]): 명령, 권유, 기도, 청원, 요구 등의 동사들 뒤에는 ἵνα -명사적 목적절(sub-final) 또는 부정사가 올 수 있다. 직접문의 주어가 (때로 표현되지 않지만) 부정사의 실제적 주어 역할을 하는 '관련 또는 특정한 4격'의 역할을 할 때, 부정사의 시제나 태는 직접 명령의 시제와 태와 같게 된다. 이런 구문에서 직접문은 명령형이거나 그와 동등한 형태를 가진 권유, 또

는 요청이다.

- 행 10:48 τότε ἠρώτησαν αὐτὸν ἐπιμεῖναι ἡμέρας τινάς

  '그때에 그들이 그에게 몇 날 머무르라고 요청했다.'

- 마 14:28 κέλευσόν με ἐλθεῖν πρός σὲ

  '나에게 명령해 주시오, (내가) 당신에게 가도록.'

95. 간접 기원문의 부정사(BDF 392[1a]): 열망, 갈망, 그리고 소원을 뜻하는 동사들, 예컨대 θέλω, βούλομαι, ἐπιθυμέω, ἐλπίζω 등 역시, ἵνα -명사적 목적절(sub-final) 또는 부정사를 가질 수 있다. 부정사의 시제나 태는, 직접문의 주어가 부정사의 실재적 주어 역할을 하는 '관련 또는 특정한 4격'의 역할을 할 때 직접 명령의 시제와 태와 같게 된다. 이런 구문에서 직접문은 기원적 희구법이거나 그와 동등한 형태를 가진 소원의 의미를 갖는다.

- 갈 4:20 ἤθελον δὲ παρεῖναι πρὸς ὑμᾶς ἄρτι

  '나는 지금 여러분과 함께 있기를 원합니다.'

- 히 6:11 ἐπιθυμοῦμεν δὲ ἕκαστον ὑμῶν τὴν αὐτὴν ἐνδείκνυσθαι σπουδὴν…

  '우리는 여러분 각자가 동일한 열심을 보이기를 바랍니다.'

96. 간접 의문문의 부정사(BDF 368): 간접 의문문에서 부정사는 신약에는 명확히 나타나 있지 않다. 가능한 예들이 있다면, 마태복

음 8:20, 15:32, 그리고 베드로전서 5:8을 들 수 있다.

97. 보완적 부정사(BDF 392[2]):

a. 어떤 동사들에 뒤이어 사용되는 부정사는 그 동사의 의미를 보충, 보완하는 역할을 한다. 부정사와 그 부가사(adjunct)들이 없이는, 그 문장이 온전히 성립하지 못하는 경우이다. 보완적인 부정사를 요구하는 동사들에는 δύναμαι, ἐάω, μανθάνω(어떻게 할지를 배우다), οἶδα(어떻게 할지를 알다), ἄρχομαι, προστίθεμι, μέλλω 등이 있다.

- 막 4:33 καθὼς ἠδύναντο ἀκούειν

'이와 같이 그들이 들을 수 있었다.'

b. 유사하게 εἶναι와 함께 부연 설명적 구조나 또는 서술적(attributive) 용법으로 쓰이는 어떤 형용사들 예컨대 δυνατός, ἄξιος, ἱκανός, ἕτοιμος도 그 의미를 보완하기 위해 보완적 부정사를 가질 수 있다(BDF 393[4]). 때때로, 이런 구문에서 '유관사 부정사'(Articular Infinitive) 2격이 사용되는데, 특히 ἕτοιμος와 더불어 사용될 때 그러하다.

- 마 3:11 οὐκ εἰμὶ ἱκανὸς τὰ ὑποδήματα βαστάσαι

'나는 그의 신발을 들 만한 가치도 없다.'

c. 보완적 부정사의 어떤 형태는 ἐξουσιαν ἔχειν(예. 요 10:18), ἀνάγκην ἔχειν(예. 눅 14:18), χρείαν ἔχειν(예. 요 13:10)처럼 두

단어의 조합의 형태로 나타난다(BDF 393[5]).

– 마 3:14 ἐγὼ χρείαν ἔχω ὑπὸ σοῦ βαπτισθῆναι

'내가 당신에게 세례받아야 할 필요가 있습니다.'

98. 명령의 부정사(Imperative Infinitive, BDF 389): 부정사가 명령형으로 쓰이는 경우가 상당히 많이 나타난다.

– 롬 12:15 χαίρειν μετὰ χαιρόντων

'기뻐하는 자들과 함께 기뻐하라.'

99. 목적의 부정사(Final Infinitive, BDF 390): 움직임, 수여(giving), 제시(presenting), 그리고 이와 비슷한 개념들을 수반하는 동사들 뒤에서, 부정사는 종종 그 주동사의 행동의 최종 목적을 표현한다. 이런 목적의 개념은 '상황적 분사'(Circumstantial Participle, 참조. 18항 f), ἵνα – 목적절(참조. 60항), 전치사와 함께 쓰이는 관사적 부정사, 그리고 관사적 부정사 2격에 의해 표현될 수도 있다. 때때로, ὥστε와 함께 쓰이는 부정사도 목적을 표현한다(예. 눅 4:29).

– 눅 2:22 ἀνήγαγον αὐτὸν εἰς Ἱεροσόλυμα παραστῆσαι τῷ κυρίῳ

'그들이 그를 주 앞에 보여 드리려고 예루살렘으로 데려왔다.'

100. 결과의 부정사(BDF 391): 부정사와 함께 ὥστε가 사용되어 대체로 결과를 표현하며, 간혹 경우에 따라 목적을 표시하기도 한다. 때때로 ὥστε 없이 부정사만으로 결과를 표시할 수 있다(예. 행 5:3). 가정법과 함께 ἵνα를 사용함으로써 결과를 표현하는 것과 같은 효과이다.

– 마 13:2 καὶ συνήχθησαν πρὸς αὐτὸν ὄχλοι πολλοί, ὥστε αὐτὸν εἰς πλοῖον ἐμβάντα καθῆσθαι
'많은 군중이 그에게로 몰려와서, 그가 배에 올라가 앉았다.'

101. 비인격 주어를 갖는 구문의 주어로 사용되는 부정사(BDF 393[1], [2]):

a. 부정사는 사람이 주어로 오지 않는 비인격 동사들, 예컨대 δεῖ, συμφέρει, ἔξεστιν, πρέπει 등의 주어로 사용될 수 있다.
– 행 5:29 πειθαρχεῖν δεῖ θεῷ
'하나님께 순종하는 것이 마땅하다.'

b. 부정사는 ἔστιν과 함께 서술적 형용사로(중성 1격) 구성되는 비인격 구문의 주어의 역할을 한다. 예컨대 δυνατόν ἐστιν, ἀρεστόν ἐστιν, καλὸν ἐστιν, δέον ἐστιν, ἀγκαῖον ἐστιν 등이다.

– 마 15:26 οὐκ ἔστιν καλὸν λαβεῖν τὸν ἄρτον

'그 떡을 받는 것은 좋지 않다.'

c. γίνομαι와 함께 비인격 형태의 구문에서 부정사는 그 한정동사의 주어 역할을 한다. 이런 구문은 그 부정사에 의해 지시되는 행위가 실제로 일어났음을 강조한다. 이때의 부정사는 καὶ ἐγένετο(또는 ἐγένετο δέ)와 함께 쓰이는 경우와 유사하며, 그 행위의 상황이나 배경을 묘사한다.

– 마 18:13 ἐὰν γένηται εὑρεῖν αὐτό…

'만일 그것을 찾는 일이 일어난다면...'

– 막 2:15 Καὶ γίνεται κατακεῖσθαι αὐτὸν ἐν τῇ οἰκίᾳ αὐτοῦ…

'그가 그의 집에 앉게 되었는데…'

– 눅 6:1 Ἐγένετο δὲ ἐν σαββάτῳ διαπορεύεσθαι αὐτὸν…

'그가 안식일에 지나가는 일이 생겼는데…'

102. 다음과 같은 주어들 예컨대, ὥρά καιρός, ἀνάγκη와 함께 ἐστιν 다음에 오는 부정사는 서술적 용법으로 사용된다(BDF 393[3]).

– 롬 13:1 ὥρα ἐστιν ἤδη ὑμᾶς ἐξ ὕπνου ἐγερθῆναι

'시간이 이미, 여러분이 잠에서 깨어날 때이다.'

103. 부연 설명적인 부정사(Epexegetical Infinitive, BDF 34): 무관사 부정사는, 어떤 명사나 동사로 뒤에 나오면서 그 내용이나 의미를 설명할 수 있다. (유관사 부정사, 그리고 ἵνα 명사절도 이러한 용도로 사용되는 경우가 있다.)

- 눅 2:1 ἐξῆλθεν δόγμὰ ἀπο γράφεσθαι πᾶσαν τὴν οἰκουμένην
  '칙령이 나왔는데...온 세계가 등록되게 하라는 것이었다.'

104. 긍정적인 내용의 주절(main clause) 뒤에 무관사 부정사가 πρίν과 함께 오는 경우가 있다(BDF 395).

- 요 4:49 κατάβηθι πρὶν ἀποθανεῖν τὸ παιδίον μου
  '내려오시오, 내 아이가 죽기 전에.'

B. 유관사(有冠詞) 부정사의 용법

105. 부정사는 중성 명사격에 해당하며 주격, 2격(참고. 2격을 '소유격'으로 부르지 않는 이유는 2격에 소유, 기원, 병렬, 주격, 목적격 등 다양한 용법이 있기 때문이다), 여격, 그리고 목적격에서 모두 중성 관사를 갖는다. 기본적으로, 명사와 함께 쓰이는 이 관사는 그 앞에 언급된 또는 잘 알려진 무엇인가를 지칭한다(BDF 398).

106. 전치사 없는 유관사 부정사(BDF 399-401):

a. 주격에서.

- 막 9:10 τί ἐστιν τὸ ἐκ νεκρῶν ἀναστῆναι

  '죽은 자들로부터 다시 일어나는 것은 어떤 것인가?'

b. 2격에서.

1) κρόνος, καιρός, ἐξυσία, ἐλπὶς, χρεία 등의 명사격(substantive)들 뒤에서.

- 행 27:20 ἐλπὶς πᾶσα τοῦ σῴζεσθαι ἡμᾶς

  '우리가 구원받을 모든 소망.'

2) 2격을 지배하는 동사나 형용사 뒤에서, 특히 방해, 금지, 중지 등을 표현하는 동사들 뒤에 유관사 부정사가 사용되기도 한다.

- 눅 4:42 κατεῖχον αὐτὸν τοῦ μὴ πορεύεσθαι ἀπ' αὐτῶν

  '그들은 그가 그들을 떠나지 못하도록 붙잡았다.'

3) '2격 관사 부정사'(the genitive Articular Infinitive)는 목적, 때로는 결과를 표시한다.

- 마 13:3 ἰδοὺ ἐξῆλθεν ὁ σπείρων τοῦ σπείρειν

  '보라, 씨 뿌리는 자가 씨를 뿌리러 나갔다.'

4) 부정사와 함께 쓰이는 τοῦ는, 때때로 그 2격의 기능을 잃어버리는데, 그럴 때 '2격 유관사 부정사'는 다른 격들을 요구하는 구조에서 사용된다.

a) 실제적인 주어의 역할을 하는 경우.

- 행 10:45 ἐγένετο τοῦ εἰσελθεῖν τὸν Πέτρον
'베드로가 들어왔을 때에'(즉, '베드로가 들어오는 일이 일어났을 때에').

b) 3격에서. 신약에서 오직 한 번의 예가 있으며, 원인을 표시한다(고후 2:23).

c) 4격에서.

- 행 25:11 οὐ παραιτοῦμαι τὸ ἀποθανεῖν
'나는 죽음을 피하게 해 달라고 간청하지 않는다.'

107. 전치사와 함께 사용되는 유관사 부정사(BDF 402-404):

a. ἀντί(대신에, 도리어 - 약 4:15), ἕως(까지 - 행 8:40), διά(내내, 통틀어 - 히 2:15), ἐκ(으로부터, 따라 - 고후 8:11), ἕνεκεν(때문에 - 고후 7:12), πρό(이전에).

- 눅 2:21 πρὸ τοῦ συλλημφθῆναι αὐτὸν
'그가 잉태되기 전에.'

b. ἐν 다음에 오는 3격에서.

1) 현재 부정사 - '동안에'(while, 종종 ἐγένετο ἐν τῷ의 구문에 인

에서)

- 마 13:25 ἐν δὲ τῷ καθεύδειν

'그가 자는 동안에.'

2) 단순과거 부정사 - '그 후에, 그때에'

- 눅 2:27 ἐν τῷ εἰσαγαγεῖν τοὺς γονεῖς τὸ παιδίον

'그 부모가 그 아이를 데려왔을 때에'(혹은, '후에').

3) 때로 이런 구문은 시간을 표시하기보다는 부사적이다.

- 행 3:26 ἐν τῷ ἀποστρέφειν

'돌이킴으로써'('돌이킬 때에', BDF 404[3]).

c. 부정사가, διά('이유'를 의미하는 경우, 특히 누가-행전에서), εἰς('목적이나 결과'를 의미하는 경우, 특히 바울서신에서), μετά(시간을 지정, '후에'[언제나 부정과거 부정사와 함께]), πρός(목적이나 결과, 총 12회) 뒤에 4격 관사와 함께 나오는 경우.

- 행 4:2 διὰ τὸ διδάσκειν αὐτοὺς τὸν λαὸν…

'왜냐하면 그들이 백성을 가르침으로 인하여…'

108. 절대 부정사(*Infinitive Absolute*, BDF 391a; BDF 31.6): 신약에서 단 한 번 사용된다. 즉, 히브리서 7:9, ὡς ἔπος εἰπεῖν('말하자면', 'it could be said…', JB).

X. 격(格)의 구문론

A. 서론

109. 모든 명사나 대명사는 문장 안에서 하나의 격(Cases)을 갖는다. 원래 '격'이라는 용어는 라틴어의 *casus*에 해당하는데 이 단어는 *cado*라는 동사 즉, '떨어진다'(fall)를 의미한다. 유사하게, 헬라어에서는 πίπτω라는 동사에서 온 πτῶσις가 그런 의미이다. 즉, 1격 즉 주격은 '온전히 서 있는 격'(upright case)인 데 비해, 다른 격들은 이 주격에서부터 파생되어 나왔다는 의미이다. 격은 그것이 문장 안에서 다른 단어들, 우선적으로는 동사들과 맺는 관계에 의해 결정된다. 명사나 대명사가 문장 안에서 관계되는 동사와 상관없이 2격으로(드물게, 4격) 오는 독립 구문(the absolute construction)과 호격의 경우는 예외적이다. 형용사나 분사의 격은 그 수(number)나 성(gender)과 함께 문장 안에서 그것들이 묘사하는 단어에 의해 결정된다.

110. 명사나 대명사의 격은 대체로 그 끝에 의해 결정된다. 헬라어에서는 세 가지 변화(declension)가 있다. 제1변화는 α로 끝나는 변화이다. 제2변화는 ο로 끝나는 변화이다. 제3변화는 자음(consonant) 변화이다. 헬라어 명사나 대명사는 단수이거나 복수이다(δύο의 경우는 예외). 성에는 세 가지가 있는데, 남성, 여성, 그리고 중성이다. 명사나 대명사의 수나 성은 그 단어에 내재하는 속성이다. 반면, 격(Cases)

은 그 단어가 문장에서 어떻게 쓰이느냐에 따라 달라진다.

111. 인도-유럽피안 언어들에서는 격들의 수가 다양하다. 산스크리트어는 여덟 개의 격, 라틴어는 다섯 개(주격, 소유격, 여격, 목적격, 탈격[Ablative])인 반면, 헬라어는 네 개의 격을 갖는다. 헬라어의 경우, 각각의 격은 그 끝이 구별되는 형태를 갖는다(다만, 중성의 주격과 목적격은 같은 형태이다). 이 네 개의 격에 더해, 어떤 경우에는 호격을 포함하기도 한다.

112. 어떤 문법학자들은(예컨대, A.T. Robertson) 헬라어에서, 산스크리트어의 경우를 따라, 여덟 개의 격으로 구분하는데, 단어의 끝에 오는 형태가 아니라 기능을 기준으로 판단한다. 즉, 기능에 따라 구분한 여덟 가지 격들은 다음과 같다(괄호 안은 단어의 끝 형태에 따른 구분이다).

- 주격(Nominative / 주격[1격])
- 소유격(Genitive / 소유격)
- 탈격(Ablative / 소유격[2격]에 해당)
- 여격(Dative / 여격)
- 위치격(Locative / 여격[3격]에 해당)
- 수단격(Instrumental / 여격에 해당)
- 목적격(Accusative / 목적격[4격])
- 호격(Vocative / 호격)

다음에 나오는 논의들은 대부분의 신약 헬라어 문법학자들이 따르고 있는 '네 개의 격 체계'(the four case system)에 근거한다.

B. 호격(Vocative Case)

113. 호격(BDF 146f): 엄밀히 말하자면, 호격은 하나의 '격'이라 할 수 없다. 왜냐하면 그것은 단어 끝에서 어떤 변화가 있는 것이 아니기 때문이다. 또한 호격은 문장 안에서 다른 단어들과 어떤 논리적 관계를 맺고 있는 것도 아니다. 다만, 호격에 관해 다음과 같은 내용들은 알아두어야 한다.

a. 호격은 사람이나 사물을 지칭하는 데 사용된다. 신약성경에서 호격과 함께 ὦ(오!)가 사용되는 경우는 드물고(BDF 146; 모두 17회, 누가-행전에서 13회), 특히, 기도문에서 하나님께 사용되는 경우는 전혀 없다.

- 눅 1:3 κράτιστε Θεόφιλε
  '데오빌로 각하여!'
- 행 1:1 ὦ Θεόφιλε
  '오, 데오빌로여!'

b. 신약에 나오는 호격의 형태들.

1) 명사의 어근.

- 눅 11:2 Πάτερ

'아버지여!'

2) 주격(BDF 147).

- 눅 8:48 θυγάτηρ

'딸아!'

3) 제2변화 남성 단수 명사나 형용사의 경우, 호격에서 종종 그 어근의 모음인 ο가 ε로 변화한다.

- 롬 2:1 ὦ ἄνθρωπε

'오, 사람아!'

- 마 18:32 δοῦλε πονηρέ

'악한 종아!'

4) 호격과 함께 관사가 사용될 수도 있다(총 60회).

- 눅 8:54 ἡ παῖς

'아이야(소녀야)!'

C. 1격(주격, Nominative Case)

114. 한정된 동사(a finite verb)의 주어는 주격으로 표현한다. 한편, 주어가 중성 복수인 경우에는 대체로 단수 동사가 나온다. 때때로 한정된 동사의 주어가 생략된 경우가 있지만 동사의 끝이 변화한 모

양을 보고 판단할 수 있다.

115. 만일 서술적인 용도로 사용된 명사나 형용사가, 그 앞에 주격으로 되어 있는 명사나 형용사를 수식한다면 마찬가지로 주격으로 표현된다.

a. 이런 구문은 εἰμί, γίνομαι와 같은 '연계 동사'(copulative verb)를 포함하거나 또는 수동태의 어떤 동사들이 사용되는 경우이다.

- 요 6:48 Ἐγώ εἰμι ὁ ἄρτος τῆς ζωῆς
  '나는 생명의 떡이다.'
- 요 1:42 σὺ κληθήσῃ Κηφᾶς
  '너는 게바라 불리게 될 것이다.'

b. 서술적 위치에서 사용된 명사는 오직 그것이 묘사하는 명사나 대명사와만 그 격의 일치를 보인다. 또한 서술적 위치에 있는 형용사는 그 격, 수, 성에 있어서 그것이 묘사하는 명사나 대명사와 일치를 이룬다.

- 서술적 명사: 고전 9:2 ἡ γὰρ σφραγίς μου τῆς ἀποστολῆς ὑμεῖς ἐστε
  '사도직에 대한 나의 증거는 바로 여러분입니다.'
- 서술적 형용사: 요일 5:3 αἱ ἐντολαὶ αὐτοῦ βαρεῖαι οὐκ εἰσίν

'그의 명령들은 무거운 것이 아니다.'

c. 신약에서 이 서술적 구문의 다양함은, εἰς와 함께 서술적 위치에 놓인 4격 명사를 포함한다(BDF 145). 이는 히브리어에서 ל와 함께 나오는 구문을 번역한 칠십인경(LXX)에서 자주 보이는데, 신약에서는 대체로 인용의 형식으로 나타난다. 대부분의 예들은 εἰμι나 γίνομαι와 함께 나타난다(언제나 미래형, 예외적으로 요일 5:8).

– 마 19:5 καὶ ἔσονται οἱ δύο εἰς σάρκα μίαν

'또한 둘이 하나의 육체가 될 것이다'(참조. 마 19:6).

116. 주격은 때때로 호격으로 사용되기도 하는데, 특별히 복수인 경우에 그러하다. 종종 이런 경우 주격은 관사를 갖는다.

D. 2격(소유격, Genitive Case)

117. 2격은 두 단어 사이의 관계(혹은, '관계없음'[non-relationship])를 표현한다. 동사와 명사/대명사 사이의 관계를 표현하는 2격은 '부사적 2격'(Adverbial Genitive, BDF 169-184)이라 하고, 명사와 명사/대명사 사이의 관계를 표현하는 2격은 '명사적 2격'(Abnominal Genitive, BDF 162-168)이라 부른다.

118. 두 단어 사이의 관계에 초점을 둔 2격으로서 다른 단어나 개념의 의미를 특정하는 2격을 '제한적 2격'(Delimiting Genitive)이라 부르는데, 이것이 진정한 그리고 정상적인 2격의 용법이다. 반면, 두 단어 사이에 '관계없음'에 초점을 두는 2격은 그 단어나 개념들의 구분, 분리를 강조하게 되는데 이를 '탈격의 2격'(Ablatival Genitive)이라 부른다.

D. 1. 제한적 2격(Delimiting Genitive)

119. '소유의 2격'(Genitive of Possession, BDF 284): 두 단어 사이의 관계가 소유나 지배권(ownership)인 경우이다(소유자가 2격으로 표현됨)

> 요 13:5 τοὺς πόδας τῶν μαθητῶν
> '제자들의 발.'

120. '기원의 2격'(Genitive of Origin, BDF 162): 어떤 사람이나 사물에 대해 친밀한 관계를 표현하는데, 대체로 셈어적 영향이다.

a. 기원의 2격은 어떤 사람을 가족 관계를 통해 규정할 때 사용된다.

1) 아버지를 통해 난 아들(υἱὸς가 있는 경우도 있고 없는 경우도 있다).

– 눅 3:2 Ἰωάννην τὸν Ζαχαρίου υἱὸν
'요한, 스가랴의 아들.'

2) 어머니를 통해 낳은 아들.

– 마 27:56 Μαρία ἡ τοῦ Ἰακώβου καὶ Ἰωσὴφ μήτηρ
'마리아, 야고보와 요셉의 어머니.'

3) 남편의 아내.

– 마 1:6 τὸν Σολομῶνα ἐκ τῆς τοῦ Οὐρίου
'우리아의 [아내]에게서 난 솔로몬.'

b. 신약에서 υἱὸς의 확대된 사용은 대체로 셈어적인(Semitic) 영향이다. 기원의 2격을 사용하여 어떤 사람이나 어떤 것의 아들로 묘사되는 것은 후자(아들)의 특징들이나 삶의 스타일을 보여 준다.

– 마 13:38 οἱ υἱοὶ τοῦ πονηροῦ
'악한 자의 아들들.'

– 눅 16:8 οἱ υἱοὶ τοῦ αἰῶνος τούτου / τοὺς υἱοὺς τοῦ φωτὸς
'이 세상의 아들들 / 빛의 아들들.'

121. '관계의 2격'(Genitive of Relationship): 자주 εἰμί 또는 γίνομαι와 함께 나타나는 서술적 2격(Predicate Genitive)에 해당한다.

– 히 10:38 ἡμεῖς δὲ οὐκ ἐσμὲν ὑποστολῆς

'하지만 우리는 뒤로 물러서는 자들이 아니다.'

122. '주격 2격'(Subjective Genitive, BDF 163): 2격으로 표현된 단어가 문장 안에서 '지배하는 명사'(nomen regen)를 향한 동사적 행위의 주어 역할을 한다. 그 본질에 있어서 소유의 2격의 한 형태라 할 수 있다.

– 빌 4:7 ἡ εἰρήνη τοῦ θεοῦ

'하나님이 주시는 평화'(하나님의 평화).

123. '목적격 2격'(Objective Genitive, BDF 163): 2격으로 표현된 단어가, 문장 안에서 지배하는 명사(nomen regens) 안에 있는 동사적 행위의 목적어 역할을 하는 경우이다. 이런 경우, 그 2격이 주격인지 목적격인지는 문맥을 통해서 결정될 수밖에 없다

– 롬 16:25 τὸ κήρυγμα Ἰησοῦ Χριστοῦ

'예수 그리스도를 선포함.'

– 롬 3:22 διὰ πίστεως Ἰησοῦ Χριστοῦ

'예수 그리스도를 믿음으로 말미암아'(목적격 2격)

또는, '예수 그리스도의 믿음[신실함]으로 인해'(주격 2격)

124. '부분의 2격'(Partitive Genitive, BDF 164): 2격으로 표시된 단어가 어떤 부분의 전체를 가리킬 때 사용된다.

– 계 8:7 τὸ τρίτον τῶν δένδρων

'나무의 삼분의 일.'

a. 이런 부분의 개념은 신약에서 종종 ἐκ, ἀπο, 또는 ἐν을 통해 '무언가 떨어져 나가는 분리'(ablatival)의 뉘앙스를 담아 표현된다.

– 눅 11:5 τίς ἐξ ὑμῶν

'너희 중에 누가?'

b. 이 부분의 2격 또는 이에 상응하는 표현은 또한 한 문장 안에서 주어나 목적어로 사용될 수 있다(때로, 생략된 형태로).

– 눅 21:16 καὶ θανατώσουσιν ἐξ ὑμῶν

'또한 그들은 너희 중에 몇을 죽일 것이다.'

c. '지리적 2격'(Chorographic Genitive): 일종의 부분의 2격으로서 언제나 관사와 함께, 어떤 도시가 속해 있는 지역이나 지방을 표시한다.

– 요 21:2 Κανὰ τῆς Γαλιλαίας

'갈릴리의 가나(갈릴리에 있는 가나).'

125. '질적 2격'(Genitive of Quality, BDF 165): 2격으로 표시된 단어는, 통상 형용사로 수식되는 지배하는 명사(nomen regens)를 설명한다. 히브리어 구문에서 파생된 이 형식은 칠십인경(LXX)에서 빈번하게 확

인된다.

- 딛 2:13 ἐπιφάνειαν τῆς δόξης
  '영광스러운 출현.'

a. 더 나아가, 어떤 경우 셈어적 영향으로 인해 소유격 인칭 대명사가 '질적 2격'과 함께 앞선 단어를 묘사하는 경우도 있다.
   - 히 1:3 τῷ ῥήματι τῆς δυνάμεως αὐτοῦ
     '그의 능력의 말씀으로.'

b. 질적 2격은 또한 서술적 용도로 쓰일 수 있다.
   - 눅 2:24 ὅτε ἐγένετο ἐτῶν δώδεκα
     '그가 열두 살이 되었을 때.'

126. '동격 2격'(Appositive Genitive, BDF 167): 2격으로 표현된 단어는 지배하는 명사와 동격으로 이해될 수 있다. '부연 실명직 2격'(Epexegetical Genitive)이라 부르기도 한다.

- 행 2:38 τὴν δωρεὰν τοῦ ἁγίου πνεύματος
  '성령이라는 선물.'

127. '내용 또는 재질의 2격'(Genitive of Content or Material, BDF 167): 2

격으로 표현된 단어는, 지배하는 명사의 내용이나 그것이 만들어진 재질을 표현한다. 이는 또한 충만이나 비움을 표현하는 형용사들과 함께 사용되기도 한다.

- 막 14:13 κεράμιον ὕδατος
  '물이 든 병.'
- 막 5:11 ἀγέλη χοίρων
  '돼지 떼.'
- 눅 4:1 πλήρης πνεύματος ἁγίου
  '성령의 충만함.'

128. '가격과 가치의 2격'(Genitive of Price or Value, BDF 182[2]): 이 경우는, ἄξιος, ἔνοχος 등 가치 또는 죄책감 등을 포현하는 형용사나 부사와 함께 쓰인다.

- 마 26:66 ἔνοχος θανάτου ἐστίν
  '그는 죽음에 합당하다.'

129. '시간의 2격'(Genitive of Time): 어떤 일이 일어나는 그 시간을 가리키는데, 시간의 어떤 지점을 가리키기도 한다. 시간을 가리키는 명사가 2격으로 쓰일 때는 '동안에'(during)의 의미로, 여격으로 쓰일 때는 '…에'(at)로, 4격으로 쓰일 때는 '그때까지'(till)를 의미할 수 있다.

– 마 2:14 νυκτὸς
'밤 동안.'

– 눅 11:5 μεσονυκτίου
'한밤중에.'

130. '목적과 방향의 2격'(Genitive of Purpose or Direction, BDF 166): 지배하는 명사(nomen regens)의 목적이나 방향을 가리킨다.

– 롬 5:18 δικαίωσιν ζωῆς
'생명을 주는 의롭다 하심을'(혹은, '생명을 주는, 풍성케 하는 의').

– 마 10:5 ὁδὸν ἐθνῶν
'이방인들에게 이르는 길로.'

131. 위에 언급한 2격의 다양한 사용법들은, 그와 어울리는 다양한 종류의 동사들과 함께 사용된다.

a. 부분의 2격은, 나누는 것, 참여하는 것, 만지는 것, 붙잡는 것, 듣는 것, 맛보는 것 등을 나타내는 동사들과 함께 사용된다(BDF 169, 170, 173). 신약에서는 때로 전치사구나 다른 격들이 부분의 2격을 대치하기도 한다.

– 요 20:17 μή μου ἅπτου
'나를 만지지 말라.'

b. 내용의 2격은 무엇인가를 '채우는' 동사들과 함께 사용된다(BDF 172).

- 막 15:36 γεμίσας σπόγγον ὄξους
  '식초가 가득 찬 스펀지.'

c. 가격과 가치의 2격은 사는 것, 파는 것, '어떤 가치가 있는'(being worthy of) 등의 동사들과 함께 사용된다(BDF 179).

- 고전 7:23 τιμῆς ἠγοράσθητε
  '너희는 값 주고 사신 바 되었다.'

d. 감정을 나타내는 동사들, 예컨대, 갈망하는 것, 애타게 찾는 것(striving for), 기억하는 것, 잊는 일, 얻는 것 등의 동사들 뒤에는 종종 2격이 따라온다.

- 눅 24:8 ἐμνήσθησαν τῶν ῥημάτων αὐτοῦ
  '그들은 그의 말을 기억했다.'

e. 무엇을 지배하거나 그것을 뛰어넘는 것(surpassing)을 의미하는 동사들 뒤에도 일반적으로 2격이 따라온다.

- 눅 22:25 οἱ βασιλεῖς τῶν ἐθνῶν κυριεύουσιν αὐτῶν
  '이방인들의 왕들이 그들을 다스린다.'

f. 고소하거나 정죄함을 나타내는 동사들 뒤에도 종종 2격이 따라온다(BDF 178).

– 행 19:40 ἐγκαλεῖσθαι στάσεως
'소요[의 혐의]로 고발당함.'

g. 접두어 κατα –가 앞에 붙은 복합동사들(compound verbs) 뒤에도 많은 경우에 2격이 따라온다.

– 약 4:11 Μὴ καταλαλεῖτε ἀλλήλων
'너희는 서로 비방하지 말라.'

D. 2. 탈격 2격(Ablatival Genitive)

132. 탈격(脫格) 2격은 두 단어 사이의 '관계없음, 혹은 분리'를 강조한다. 많은 경우에, 그것은 분리, 기원, 근거, 출발 등의 개념을 포함한다.

133. 탈격 2격의 기본적인 의미는 '분리의 2격'(Genitive of Separation, BDF 180)이다.

a. 이런 용법은 전치사 뒤에 나오는 2격 명사의 형태로 빈번하게 사용된다.

b. 어디로부터 출발하는 것, 무엇을 하려는 행동으로부터 방해하는 것, 무엇을 빼앗는 것, 무엇을 그만두는 것, 무엇이

부족한 것, 무엇을 뛰어넘는 것, 무엇을 요구하는 것 등의 동사들 뒤에도 때때로 분리의 2격이 따라온다. 이런 구문에서 전치사 ἀπό나 ἐκ가 자주 사용되는 것을 볼 수 있다.

- 약 1:5 Εἰ δέ τις ὑμῶν λείπεται σοφίας…
  '만일 너희 중에 누가 지혜가 부족하면…'

134. '비교의 2격'(Genitive of Comparison): 2격으로 표현된 단어가 주된 단어와 비교의 관계에 놓인 경우이다.

- 마 3:11 ἰσχυρότερός μού
  '나보다 더 강한.'

a. 비교의 2격이 오히려 모호함을 창출하거나 혹은 아예 쓰일 수 없는 경우에, 신약에서는 ἤ를 사용해서 비교 관계를 표현하기도 한다.

- 롬 13:11 νῦν γὰρ ἐγγύτερον ἡμῶν ἡ σωτηρία ἢ ὅτε ἐπιστεύσαμεν
  '이제 우리의 구원이 우리가 믿었을 때보다 더 가까워졌다.'
- 행 20:35 μακάριόν ἐστιν μᾶλλον διδόναι ἢ λαμβάνειν
  '받는 것보다 주는 것이 더 복이 있다.'

b. 때때로, 비교의 2격이나 ἤ를 사용하는 대신, παρά나 ὑπερ

가 4격과 함께 비교의 의미로 쓰이기도 한다.

- 히 1:4 διαφορώτερον παρ’ αὐτοὺς κεκληρονόμηκεν ὄνομα

'그는 그들보다 훨씬 더 나은 이름을 물려받았다.'

135. 2격이 ὑπο(때로, ἀπο)와 함께 쓰일 때, 수동태 동사나 수동태의 동사적 표현의 의미상 주어의 역할을 표현할 수 있다(BDF 210[2], 232[2]).

- 막 5:26 πολλὰ παθοῦσα ὑπὸ πολλῶν ἰατρῶν…

'많은 의사들에게 많은 고통을 받았고…'

- 막 1:13 πειραζόμενος ὑπὸ τοῦ σατανᾶ

'마귀에게 시험받으시고…'

D.3. 독립 구문(Absolute Construction)

136. '독립 2격'(Genitive Absolute, BDF 417, 423): 만일 주문장(主文章)에 나타나지 않는 명사나 대명사를 상황적 분사(Circumstantial Participle)가 수식하고 있다면, 그리고 그 명사나 대명사가 2격으로 표시되어 있다면 그것은 그 분사의 실제적인 주어의 역할을 하는 독립 2격의 경우이다.

- 눅 22:60 ἔτι λαλοῦντος αὐτοῦ ἐφώνησεν ἀλέκτωρ
  '그가 아직 말하는 동안, 닭이 울었다.'

a. 때로 독립 2격의 명사나 대명사가 생략되는 경우가 있는데, 이는 문맥으로부터 판단해서 해석해야 한다.
  - 행 21:10 ''Επιμενόντων δὲ ἡμέρας πλείους κατῆλθέν τις…προφήτης
    '우리가 며칠을 머무는 동안, 어떤 선지자가 내려왔다.'

b. 아마도 셈어적 영향 때문에, 칠십인경과 신약은 고전 헬라어의 경우보다 독립 구문의 활용에 있어 훨씬 자유로운 형태를 보인다. 일례로, 주문장에서 명사나 대명사가 2격, 3격 또는 4격으로 나오는 경우에도, 독립 2격이 사용됨을 찾아볼 수 있다.
  - 마 26:6-7 Τοῦ δὲ 'Ιησοῦ γενομένου ἐν Βηθανίᾳ ἐν οἰκίᾳ Σίμωνος…προσῆλθεν αὐτῷ γυνη
    '예수께서 베다니에 있는 시몬의 집에 계실 때…한 여인이 그에게 나아왔다.'

137. '독립 4격'(Accusative Absolute, BDF 424): 비인격 동사들로 만들어진 분사의 실질적 주어 역할을 표현하는 데에 사용된다. 신약에 나오는 유일한 예는 τυχόν(동사, τυγχάνω에서 파생된)인데, '아마도, 가능하면(if it is possible), 예를 들어'의 의미이다(눅 20:13; 행 12:15; 그리고 고

전 16:6).

E. 3격(여격, Dative Case)

138. 여격은 세 가지 특징적인 관계들을 표현한다. 순수 여격(dative proper, '…에게,' 또는 '위하여'; 또는 '개인적 관심', personal interest), 수단적(instrumental) 용법, 그리고 위치적(locative) 용법이다. 하지만 신약에서 단순한 여격의 역할은 전치사와 함께 쓰이면서 다양하게 확대된다. 다음에 언급된 여격 사용의 대부분의 예들은, 특히 수단적인 용법들은 때로 전치사에 의해, 주로 ἐν 그리고 εἰς나 μετά에 의해 표현된다. 여격 자체가 갖는 세 가지 의미, 즉, 수여적, 도구적, 위치적 관계는, 때때로 문맥에 의해 밝혀지기도 한다.

- 행 5:31 τοῦτον ὁ θεὸς ὕψωσεν τῇ δεξιᾷ αὐτοῦ
  '하나님께서 그를 그의 오른편에[at] 높이셨다'(RSV, 위치적 용법).
  '하나님께서 그를 그 자신의 오른편으로[to] 높이셨다'(NIV, 순수 여격).
  '하나님께서 그를 그의 오른손으로[with] 높이셨다'(NEB, 도구적 용법).

E. 1. 순수 여격(Dative Proper)

139. '순수 여격'(BDF 187): 본래 3격의 정상적인 의미로서, 그 해당하는 대상과의 보다 멀리에서 행해지는 관계를 묘사하는데, 예컨대, 긍정적이든 부정적이든 어떤 것이 그에게 행해지는 그 대상 '…에게'(to)나 '위하여'(for)의 의미를 갖는다.

140. '간접 목적의 여격'(Dative of Indirect Object): 이동을 의미하는 동사들(transitive verbs)이 사용되는 경우, 그 동사의 행동의 이차적인 대상을 표시한다.

- 벧후 3:15 Παῦλος…ἔγραψεν ὑμῖν
  '바울이…너희에게 썼다.'

141. '개인적 관계의 여격'(Dative of Personal Relationship): 주목적어와 동사 또는 그에 상응하는 형용사 사이에, 신뢰, 불신, 질투, 기뻐함, 만족, 섬김 등의 밀접한 관계를 표현한다.

- 마 8:15 …καὶ διηκόνει αὐτῷ
  '…그리고 그녀는 그를 시중들고 있었다.'
- 롬 8:8 …θεῷ ἀρέσαι
  '…하나님을 기쁘시게 하기.'

142. '유리함과 불리함의 여격'(Dative of Advantage or Disadvantage, BDF 188): 어떤 사람이나 대상에게 어떤 유리함이나 불리함이 일어났음을 표현한다.

- 눅 18:13 ἱλάσθητί μοι…
  '나를 불쌍히 여기소서…'
- 딤후 1:8 ἀλλὰ συγκακοπάθησον τῷ εὐαγγελίῳ
  '하지만 너는 복음을 위하여 고난에 참여하라(또는, 복음과 함께 고난을 받으라).'

143. '소유자의 여격'(Dative of Possessor): εἶναι, γινέσθαι 그리고 ὑγπάρχειν과 같은 동사들이 그 동사의 주어가 소유자임을 확인시키는 역할을 한다. 한편, 소유의 2격은 소유자를 강조하는 반면, 소유자의 여격(3격)은 소유된 그 대상을 강조한다는 점이 다르다.

- 행 8:31 οὐκ ἔστιν σοι μερὶς οὐδὲ κλῆρος ἐν τῷ λόγῳ τούτῳ
  '이 말씀에는 너의 관여할 바나 몫이 없다.'
- 눅 8:30 τί σοι ὄνομά ἐστιν
  '너의 이름이 무엇이냐?'

E. 2. 수단의 3격(Instrumental Dative)

144. 수단의 3격은 어떤 행동이 그로 말미암아 혹은 그와 더불어 일어나거나 성취되는 그 방식, 경로, 수단을 표현한다.

145. '연관의 3격'(Dative of Association): 어떤 친밀한 또는 적대적인 관계나 연관성을 나타내는 동사나 형용사와 함께 사용된다.

– 막 1:18 ἠκολούθησαν αὐτῷ
'그들은 그를 따라갔다.'

146. '원인의 3격'(Dative of Cause, BDF 196): 어떤 행동의 동기, 계기, 근거 또는 원인을 표시한다.

– 눅 15:17 ἐγὼ δὲ λιμῷ ὧδε ἀπόλλυμαι
'하지만 나는 여기서 굶주림 때문에 죽어 가는구나.'

147. '관련의 3격'(Dative of Respect, BDF 197): 어떤 행동이나 주장을 특정화하거나 그 한계를 정한다. '관련의 4격'(Accusative of Respect)과 유사하지만, 신약에서는 '관련'을 표시할 때 대부분은 '관련의 3격'을 사용한다.

– 마 27:32 ὀνόματι Σίμωνα

'이름으로 하면 시몬이라.'

– 마 11:29 ταπεινὸς τῇ καρδίᾳ

'마음으로 말하자면 겸손하고.'

148. '수단이나 도구의 3격'(Dative of Means or Instrument): 어떤 행동이 그것에 의해, 그것과 더불어 행해진 수단이나 도구를 가리킨다.

– 행 12:2 ἀνεῖλεν δὲ Ἰάκωβον τὸν ἀδελφὸν Ἰωάννου μαχαίρῃ

'그는 요한의 형제 야고보를 칼로 죽였다.'

149. '방식의 3격'(Manner of Dative, BDF 198): 어떤 행동에 수반하는 상황이나 방식을 가리키는데, 사실상 부사적인 개념을 표현한다.

– 행 15:1 ἐὰν μὴ περιτμηθῆτε τῷ ἔθει τῷ Μωϋσέως…

'만일 네가 모세의 관습에 따라 할례를 받지 아니하면…'

150. 방식의 3격과 긴밀히 연결되는 '동일 어근의 3격'(Cognate Dative, BDF 198): 3격 안에 들어 있는 동일 어근이 그 동사의 의미를 강화해 주는 역할을 한다.

a. 이런 동일 어근의 3격은 고전 헬라어에서 종종 발견된다. 예를 들어 φυγῇ φεύγειν은 '빨리 서둘러 도망치다'의 의미

이다.

b. 칠십인경에서 동일 어근의 3격은 종종 히브리어의 독립 부정사(Infinitive Absolute) 구문을 번역하기 위해 사용된다.

– 사 6:9 LXX ἀκοῇ ἀκούσετε (참조. 마 13:14)

'너희가 진실로 들을 것이다'(개역개정 '너희가 듣기는 들어도').

c. 신약에서 동일 어근의 3격은 종종 칠십인경의 인용 본문에서도 나오지만, 다른 경우들도 있다.

– 행 5:28 παραγγελίᾳ παρηγγείλαμεν…

'우리가 상엄히 명하였다…'

151. '정도 차이의 3격'(Dative of Degree of Difference, BDF 17, 246): 종종 비교급에서 발견된다.

– 눅 18:39 πολλῷ μᾶλλον ἔκραζεν

'그는 더 크게 소리 질렀다.'

E. 3. 위치의 3격(Locative Dative)

152. '위치의 3격'은 어떤 사람이나 물체가 공간이나 시간의 어떤 지점에 위치해 있음을 표현한다. 다양한 전치사들, 예컨대, '안에, 위에, …에, 가운데, 옆에, 주위에' 등등 위치를 표시하는 전치사들의 역

할을 대신한다.

153. '장소의 3격'(Dative of Place, BDF 199): 신약에서는 드물지만 종종 κύκλῳ('주변에, 두루'; 예, 눅 9:12), χαμαὶ('땅에'; 예, 요 9:6), πανταχῇ('어디에서나'; 예, 행 21:28), πάντῃ('무엇에서나'; 예, 행 24:3)의 경우처럼 전형적인 부사적 표현들 안에서 발견된다. 다른 예들로서는, τῷ πλοιαρίῳ('배에서', '배를 타고', 요 21:8), τῇ δεξιᾷ,'오른편에', 행 2:33; 5:31 / BDF 199)가 있다. 신약에서 이런 장소의 3격 개념은 ἐν, ἐπί, παρά, πρός와 3격으로 표현되기도 한다.

154. '시간의 3격'(Dative of Time, BDF 200, 201): '어디에?'라는 질문에 대한 답으로 주어지며 시간의 어떤 특정한 때를 지시한다. '시간의 3격'은, 신약에서 다소 확장된 개념으로서 '시간의 정도의 4격'(Accusative of Extent of Time)을 대용해서 쓰이기도 하는데, '얼마나 오래?'라는 질문에 대답한다.

- 눅 24:7 τῇ τρίτῃ ἡμέρᾳ
  '셋째 날에.'
- 롬 16:25 μυστηρίου χρόνοις αἰωνίοις σεσιγημένου
  '세세토록 감추어져 있던 비밀.'

E. 4. 3격의 특별한 용도

155. 접두어 ἐν, σύν, ἐπί, παρά, πρός, περί와 함께 만들어진 복합동사 뒤에는 3격이 따른다. 이때의 3격은 대체로 위치의 3격인데, σύν이 붙은 복합동사 뒤에 오는 경우는 연관의 3격에 해당한다. 때로 3격은 전치사와 함께 쓰인다.

- 눅 10:30 λῃσταῖς περιέπεσεν
  '그는 강도들 가운데 떨어졌다'(강도들을 만났다).

156. 종종 비유에서, 그 비유의 도입 형식(introductory fomula)에 ὁμοιωθήσεται, ὡμοιώθη 또는 ὁμοιός ἐστιν를 뒤이어 3격이 나온다. Jeremias는, 이런 경우의 3격은 랍비들의 비유에 사용되는 아람어의 ל에 해당하는 역할을 한다고 제안한다. 그리고 이 도입 형식은, 단순히 '그것은 이와 같으니…'로 번역되기보다 '그것은...이런 경우와 같은 경우인데…'로 이해되는 것이 옳다고 주장한다. 따라서 마태복음 13:31에서 도입구는, 단순히 '천국은 이와 같으니…'보다는, '천국의 경우는, 겨자씨의 경우와 같으니…'의 의미라는 것이다. 즉, 천국이 겨자씨와 비교되고 있지 않고, 결국, 새들이 날아와 깃드는 큰 나무에 비유되는 셈이다(Parables of Jesus, 100-102).

F. 4격(목적격, Accusative Case)

157. 4격은 말하는 데에 있어서 아마도 가장 오래된 격(格)일 것이다. 4격의 가장 기본적인 기능은 동사에 의해 영향을 받는 대상을 확정함으로써 동사의 행동 범위를 한정하는(delimit) 것이다. 기본적으로 4격은, '얼마나 멀리?, 얼마나 오래? 얼마나 많이?'라는 질문에 대답하는 형태이다.

158. 4격의 기본적인 용법은 '직접 목적의 4격'(Accusative of the Direct Object, BDF 148-152)이다.

- 요일 2:7 οὐκ ἐντολὴν καινὴν γράφω
  '내가 새 계명을 쓰고 있는 것이 아니다.'

159. '내용의 4격'(Accusative of Content, BDF 153): 동사의 내용 자체를 반복함으로써 그 동사의 행동을 강조한다. 이런 4격은 그 어근이나 의미에 있어서 동사와 같은 뿌리를 갖는다 따라서 '동일 어근의 4격'(Cognate Accusative)으로도 불린다.

- 막 4:41 ἐφοβήθησαν φόβον μέγαν
  '그들이 큰 두려움으로 두려워 떨었다.'

160. '이중 4격 구문'(Double Accusative Construction): 신약 헬라어에

는 이중 4격 구문이 많이 나오며, 특히 수동태로 표현될 때 '이중 4격 구문'의 특징적인 모습들이 부각된다. 다음의 경우들을 살펴보자.

a. '인물의 4격'(Accusative of the Person)과 '사물의 4격'(Accusative of the Thing, BDF 155, 156): 각기 직접 목적어와 간접 목적어를 형성하면서 어떤 동사들, 예컨대, διδάσκω, αἰτέω, ἐρωτάω, διδάσκω, χρίω, ποτίζω, φορτίζω, ὁρκίζω와 같은 동사들 뒤에 함께 쓰인다. 사물의 4격은 많은 경우에 동일 어근의 4격에 해당한다.

- 요 14:26 ἐκεῖνος ὑμᾶς διδάξει πάντα
  '저가 니희에게 모든 것을 가르치실 것이다.'
- 엡 2:4 τὴν πολλὴν ἀγάπην αὐτοῦ ἣν ἠγάπησεν ἡμᾶς
  '그의 많으신 사랑으로, 그가 우리를 사랑하셨다.'

b. 인물의 4격과 '4격의 서술적 명사나 형용사'(Predicate Noun or Adjective in the Accusative)가 어떤 동사들과 함께 쓰이는 경우가 있는데, 이때 후자가 전자(인물의 4격)에 대해 서술어의 기능을 한다. 이런 동사로는, ποιέω(눅 19:46), καλέω(눅 1:59), τίθημι(히 1:2), ἔχω(행 13:5), ἡγέομαι(빌 3:7)를 들 수 있다.

- 눅 20:44 Δαυὶδ οὖν κύριον αὐτὸν καλεῖ
  '그러므로 다윗은 그를 주라 부른다.'

161. 이중 4격 구문이 수동태로 표현될 때, 특징적인 현상들이

나타난다.

a. '수동태에서 보존되는 4격'(Retained Accusative in the Passive Voice):

1) 수동태에서, 인물의 4격은 주어로 변환되지만, 사물의 4격은 여전히 4격으로 남는다.

- 살후 2:15 τὰς παραδόσεις ἃς ἐδιδάχθητε

'너희가 가르침을 받은 그 전통들.'

2) 유사하게, 능동태에서 '인물의 3격'과 '사물의 4격'으로 구성되는 구문이 수동태로 전환될 때, 그 인물의 3격은 주어로 변환되고 사물의 4격은 그대로 보존된다.

- 딤전 1:11 τὸ εὐαγγέλιον…ὃ ἐπιστεύθην ἐγώ

'나에게(나, 바로 나에게) 맡겨진…그 복음.'

b. 수동태에서, 인물의 4격은 주어가 되고 '4격의 서술적 명사나 형용사'는 '주격의 서술적 명사나 형용사'(a Predicate Noun or Adjective in the Nominative)가 된다

- 약 2:23 καὶ φίλος θεοῦ ἐκλήθη

'그리고 그는 하나님의 친구로 불렸다.'

162. '관련 또는 특정화의 4격'(Accusative of Respect or Specification): 어떤 관련 속에서 무엇이 확정되는 것을 표현한다. 이때 4격의 부사적 용법이 나타나는데 이를 '준거(準據)의 4격'(Accusative of

Reference)이라 부르기도 한다.

– 요 6:10 τὸν ἀριθμὸν ὡς πεντακισχίλιοι
'숫자로 하면 오천 명 정도이다.'

a. 신약에는 '관련의 여격'(Dative of Respect)이 대부분의 '관련 또는 특정화의 4격'을 대체하고 있다.

b. 관련 또는 특정화의 4격이 부정사(Infinitive)와 함께 쓰일 때가 있는데, 이는 그 부정사의 실질적 주어를 표시하기 위함이다. 이것을 부정확하지만, '부정사의 주어'라고 부르기도 한다(BDF 406-410).

– 마 13:4 ἐν τῷ σπείρειν αὐτὸν…
'그가 씨를 뿌리는데…'

163. '공간 또는 시간의 정도의 4격'(Accusative of Extent of Space or Time, BDF 161): '얼마나 멀리?' 또는 '얼마나 오래?'라는 질문에 답한다.

– 눅 24:12 …εἰς κώμην ἀπέχουσαν σταδίους ἑξήκοντα ἀπὸ Ἰερουσαλήμ
'예루살렘으로부터 60스타디온(대략 10km) 떨어진 마을로…'

– 눅 2:36 …ζήσασα μετὰ ἀνδρὸς ἔτη ἑπτὰ
'그 남편과 산 지가 7년 되었다.'

XI. 간접 담화

164. 헬라어에서 간접 담화(Indirect Discourse)는 간접적으로 인용된 네 종류의 화법을 포함한다: 1) 간접 진술, 2) 간접 질문, 3) 간접 명령, 4) 간접 기원.

165. 간접 진술(Indirect Statement): 간접 진술은 '말하는 것'(saying)이나 이와 유사한 의미의 동사, 그리고 직접 진술이나 선언(declaration)을 보도하는 동사 뒤에 따라오는 구문이다. 간접 진술을 표현하는 데에는 세 가지 방식이 있다:

1) 간접 진술을 표현하는 부정사.

2) 간접 진술문을 이끄는 ὅτι를 사용하는 경우(BDF 397): 신약에서 압도적으로 많이 나오는 형태이다. 간접문에서 희구법이 사용되는 경우는 매우 드물다(행 26:16). 간접문에서 주동사의 주어에 관한 모든 언급은 주문장의 주어와 일치해야 한다.

- 막 12:12 ἔγνωσαν γὰρ ὅτι πρὸς αὐτοὺς τὴν παραβολὴν εἶπεν…

  '그들이, 그가 그 비유를 자신들을 향해 말씀하셨다는 것을 알았기 때문에…'

3) 간접문에 정신적, 감각적 인지(perception) 동사 이후에 오는

보충적 분사가 있는 경우.

166. 간접 질문(Indirect Question):

a. 간접 질문은 무엇을 묻거나 그와 유사한 의미의 동사에 뒤이어 나온다.

b. 간접 질문은, 직접 질문을 소개하는 동일한 질문부사(interrogative)나 대명사에 의해 도입될 수 있다. 또한, 만일 직접 질문이 어떤 질문을 끌어내는 단어에 의해 소개되지 않는다면, ἐι에 의해 도입될 수 있다. 이때 ἐι는 '만일'이 아니라, '…인지 아닌지'(whether)의 의미로 해석되어야 한다.

c. 직접 질문 안에 있는 동사의 시제, 법, 그리고 태는 간접 질문에서도 그대로 유지된다.

d. 간접 질문 안에 있는 부정사의 용법은 신약에 명확히 나와 있다고 보기 어렵다.

e. 용례들:

– 요 8:14 ὅτι οἶδα πόθεν ἦλθον καὶ ποῦ ὑπάγω
'(대답하여 말하되…) 나는 내가 어디에서 왔고, 어디로 가고 있는지를 알고 있다.'

- 요일 4:1 ἀλλὰ δοκιμάζετε τὰ πνεύματα εἰ ἐκ τοῦ θεοῦ ἐστιν
  '하지만 너희는 영들이 하나님께로부터 온 것인지 아닌지 시험하라.'

f. 때로, 간접 질문의 명사구문적인(substantive) 성격이 그 구문을 소개하는 τό의 사용으로 강화되기도 한다(누가-행전에 많이 사용됨).

- 눅 22:2 καὶ ἐζήτουν οἱ ἀρχιερεῖς καὶ οἱ γραμματεῖς τὸ πῶς ἀνέλωσιν αὐτόν
  '대제사장들과 서기관들이 그를 어떻게 하면 죽일까 하고 방법을 찾고 있었다.'

167. 간접 명령(Indirect Command):

a. 정상적인 명령법 이외에도, 가정법에서 부정과거로 표현되는 금지 명령, 청유적 가정법, 명령적 ἵνα-절, 기원적 미래를 의미하는 직설법, 그리고 희구법으로 표현되는 직접 명령(Direct Commands)은 두 가지 방식으로 인용될 수 있다. 1) 간접 명령 안에 있는 부정사를 통해, 또는 2) 무엇인가를 찾거나(beseeching), 명령하거나, 기도, 격려, 권고하거나, 그리고 이와 유사한 의미의 동사들 뒤에 나오는 ἵνα-명사절(sub-final)을 통해 표현될 수 있다.

b. 이런 구문들에서 직접 명령의 시제와 태는 그대로 유지된다.

- 직접 명령: 눅 9:14 κατακλίνατε αὐτοὺς
  '너희가 그들을 앉게 하라.'
- 간접 명령: 막 6:39 ἐπέταξεν αὐτοῖς ἀνακλῖναι πάντας
  '그가 그들에게 모두 앉으라고 명했다.'

168. 간접 기원(Indirect Volition):

a. 직접 기원은 기원적 희구법(Volitive Optative)에 의해 표현되며, 다음의 두 가지 방식으로 인용되어 간접 기원문으로 바뀔 수 있다.

1) 간접 기원의 부정사(Infinitive)가 원함이나 갈망, 소원 등의 의미를 표시하는 동사 뒤에 나오는 경우.
2) ἵνα-명사절이 원함이나 갈망, 소원 등의 의미를 표시하는 동사 뒤에 나오는 경우.

b. 간접 명령의 경우처럼, 간접 기원문에서 동사의 시제나 태는, 간접문에 나오는 부정사에서나 ἵνα-명사절의 가정법에서도 그대로 유지된다.

c. 때로, 간접 명령과 간접 기원 사이를 구분하는 것은 어렵기도 하고 꼭 언제나 그래야만 하는 것도 아니다.

- 마 14:8 δός μοι

'(요한의 머리를) 나에게 주소서.'

- 막 6:25 θέλω ἵνα ἐξαυτῆς δῷς μοι

'나는 원합니다, 즉시 나에게 주시기를.'

XII. 접속사

169. 등위 접속사(coordinating conjunctions)는 동등의 대상들을 서로 연결하는 반면, 종속 접속사(subordinating conjunctions)는 그것이 소개하는 절을 주절(主節, main clause)에 의존하고 종속되게 만든다.

A. 등위 접속사

170. 등위 접속사에는 여러 종류가 있다: 연계 접속사(copulative), 분리(또는, 이접[離接]; disjunctive) 접속사, 반의적(또는, 역접[逆接]; adversative) 접속사, 추론적(inferential) 접속사, 그리고 인과적(causal) 접속사.

171. 연계적 등위 접속사들(copulative coordinating conjunctions):

a. καί는 가장 자주 사용되는 연계 접속사이다(BDF 442). καί만 단일어(simplex)로 사용되는 경우는 신약에서 9021회 정도인데, 이 중 사분지 일이 '또한'(adjunctive)의 부사적 의미 또는 '심지어'(ascensive)의 의미로 사용된다. 더 나아가, 이야기체에서 καί는 때때로 문장의 처음에서 '중어적'(pleonastically – 즉, '본다'고 하면 될 것으로 '너의 눈으로 본다'는 식으로 강조나 수사적 효과를 높이기 위해 논리적으로는 불필요한 말을 덧붙여 표현하는 기법)인 의미로 사용된다. 이는 칠십인경에서 종종 보이는 것처럼 셈어적 영향 때문이다. 그래서 καί는 비록 대체로는 연계적이지만 때때로 '반의적'(adversative, '하지만')인 의미나(살전 2:18), 연속적(consecutive, '그래서'; 마 5:15)인 의미로, 또는 '목적적'(final; 요 14:3)인 의미, 추론적(inferential)인, 그리고 부연 설명적(epexegetical; 요 1:16)인 의미로도 사용된다.

b. τε는 앞 낱말의 끝에 붙어서 약하게 발음되는 후접어(enclitic)이며 낱말 뒤에 위치하는 '후치 접속사'(postpositive conjunction)로서, 사도행전에 151회, 누가복음에 9회, 히브리서에 20회, 그리고 로마서에 18회, 그래서 신약에 총 215회 정도 사용된다(BDF 442). 단일어로서(simplex) τε만 사용되어 단어나 개념들을 연결하는 경우는 거의 드물다(고전 4:21; 마 28:12; 히 9:1). 대체로 τε는 절들을 연결하는데, καί의 경우보다는 더 밀접한 관계를 가리키며, 종종 단순히 '그리고'(and)의 의미나, 더 나아가서 '그리고 정말'(and so), 혹은 그저 '정

말, 너무나'(so) 등의 의미로 번역될 수 있다.

c. τε와 καί의 조합(A 그리고 B 둘 다'; 'both…and'; BDF 444):

1) …τε…τε의 조합은 병행적인 관계 즉, '…으로서…또한'(as...so)의 의미이며, 확실한 예는 오직 사도행전 26:16 뿐이다. 이 조합은 οὔτε…οὔτε (또는, μήτὲ…μήτε)에서처럼 부정적인 '결합 관계사'(correlative)로도 나타나며, 또한 εἴτε…εἴτε 그리고 ἐάν τε…ἐάν τε에서처럼 조건적인 결합 관계사로도 나타난다.

2) 한편, …τε…καί 또는 …τε καί…의 조합은 단순히 καί만으로 표현된 형식보다 훨씬 더 밀접한 연결을 의미하며, 그래서 절들(clauses)이 아니라 단어들이나 개념들 사이를 연결하는 데에 사용된다.

- 행 5:25 ὅ τε στρατηγὸς τοῦ ἱεροῦ καὶ οἱ ἀρχιερεῖς

'성전의 책임자들과 대제사장들.'

3) 일반적인 연관 관계를 위해서는 καί…καί…의 조합이 사용된다.

- 요 12:28 καὶ ἐδόξασα καὶ πάλιν δοξάσω

'내가 영광스럽게 했고 또한 다시 영광스럽게 하리라.'

172. 분리적 등위 접속사들(disjunctive coordinating conjunctions, BDF 446):

a. 단순히 ἤ(또는)로 쓰이는 경우는 신약에 자주 나오는데, 때때로 부정문이나 의문문에서는 연계사의 역할을 한다(예. 살전 2:19).

b. ἤ…ἤ(이것 아니면…저것; either…or)의 형태 역시 신약에 빈번히 사용된다(예. 고전 14:6).

c. εἴτε…εἴτε(이것이든지...또는 저것이든지…; whether…or)의 형태는 어떤 경우에 이를 주관하는 주동사 없이도 사용된다(예. 엡 6:8).

173. 반의적 등위 접속사들(adversative coordinating conjunctions):

a. δέ는 단어의 뒤에 위치하는 후치사(postpositive)이지만, 앞 낱말의 뒤에 붙어서 약하게 발음되는 후접어(enclitic)는 아니다(BDF 447.1). '다만, 하지만'(yet, but)이라는 반의적 의미를 갖는 δέ는, 대체로 약한 의미여서 때로 그것은 단순히 전환이나 연속을 나타내는 정도이다. 고전 헬라어에 자주 나오는 μέν δέ의 형태, 특히, 'ὁ μέν…ὁ δέ(이것…[그리고] 저것; the one…the other)의 형태는 신약에서는 상대적으로 적게 사용된다(참조. 마 3:11; 엡 4:11).

b. 관계사로서 μέν은 그것과 연관된 단어나 절에 중요성을 부

여한다(BDF 447.2; 참조. 동의어로서 mh,n은 오직 히 6:14에만 나옴). 종종 μέν은 δέ, ἀλλά, πλήν, οὖν, καί와 같은, 어형 변화를 하지 않는 '불변화사'(不變化辭, particles)들과 함께 연결되어 '하지만, 그럼에도'와 같이 양보적(concessive) 의미로 사용되기도 한다.

c. ἀλλά(BDF 448):

1) 자주, ἀλλά는 그 앞에 οὐ (μή)에 이끌리는 단어나 구문에 대한 반제(antithesis)를 끌어들이는 역할을 한다. 즉, οὐ (μή)…ἀλλά의 구문인데, '…이 아니라…이다'의 의미이다(not...but). 유사하게, οὐ (μή) μόνον…ἀλλὰ καί(단지…아니라, 또한…이다; not only…but also)보다 복합적인 형태로도 사용된다(참조. 마 10:20).

2) ἀλλά οὐ의 구문도, 그 앞에 나오는 긍정적 의미의 절에 대해 반대적인 내용을 소개하는 접속사의 역할을 한다. 예컨대, ἀλλ' οὔπω ἐστὶν τὸ τέλος('하지만 아직 그 끝은 아니다', 마 24:6).

3) 한 문장을 시작하는 단어로서 ἀλλά는 '그럼에도 불구하고'(however) 또는 '그러나'(but)의 의미를 가지고 있다.

4) ἀλλ' ἵνα 구문에서(예. 요 9:3) ἵνα-절을 지배하는 주동사는 생략될 수도 있다. 즉, '그러나 [이것은…일어났다; this happened] …을 위하여'의 형식이다. 이 경우 ἵνα-절은 명령적인(imperatival)인 의미를 갖는다.

d. 접속사로서 πλήν은 정도의 차이가 있지만 언제나 반의적 (adversative) 의미를 전달한다(신약에 총 27회; BDF 449).

1) '그럼에도 불구하고,' '그러나'(마가복음과 누가복음에서). 참조. 마 26:64.

2) '오직', '어떤 경우에도'(바울서신). 참조. 엡 5:33.

e. 이외에, μέντοι(그러나), καίντοι(그렇지만, 그럼에도), μενοῦν (차라리, 정말로).

174. 추론적인 등위 접속사들(inferential coordinating conjunctions):

a. οὖν(BDF 451.1):

1) 신약에 501회 정도 나오며, 뒤에 위치하는 후치사이지만 (postpositive) 앞 단어의 끝에 붙어 약하게 발음되는 후접어(enclitic)는 아니다.

2) 대체로 추론적인 의미로서, '그러므로'로 번역된다.

3) 요한복음에만 202회가 사용되며, '그래서', '따라서', '그러니까'(thus, so, accordingly)의 의미로서 종종 전환적이거나(transitional) 앞부분의 내용을 요약하면서 다시 문장을 시작하는(resumptive) 용도로 사용된다.

b. ἄρα(BDF 451.2): 신약에서 49회, 바울서신에서는 27회 사용된 접속사로서 대게 후치사이며, '결과적으로'(consequently),

'그래서', 그러므로'의 의미로 번역된다.

c. 그 외의 접속사들(BDF 451.3-6):

1) τοιγαροῦν 2회 - '바로 그 이유로'(for that very reason), '그러므로'

2) δή 5회 - '진실로', '그러므로'

3) διό 53회 - '그러므로', '이런 이유로'

4) διόπερ 2회 - '그러므로'

5) ὅθεν 2회, 절의 맨 앞에서, 8회 - '그러므로', '그래서'

175. 인과적 등위 접속사, γάρ(BDF 452):

a. 신약에 1,042회씩이나 빈번하게 사용되는 이 접속사는 후치사이지만 전접사는 아니다.

b. 대체로 γάρ는 어떤 원인이나 이유를 제공하는 절을 이끌며, '왜냐하면'(for)의 의미이다(예. 막 1:22).

c. 때때로 γάρ는 설명적인 절을 이끌며, '왜나하면,' '말하자면, 당신도 알다시피'(you see)의 의미를 갖는다(예. 막 16:4).

d. 때로 γάρ는 추론적인 의미를 가지며, '확실히', '무슨 일이 있어도, 꼭, 부디'(by all means)의 의미이다(예. 벧전 4:15).

e. 때로 γάρ는 감탄의 의미를 가진 질문에 사용되기도 하며, '무엇이?'(what), '뭐라고?'(why)의 의미를 갖는다(예. 요 7:41).

f. 대답에 γάρ가 사용될 때는 긍정, 확정하는 의미로서, '틀림없이, 확실히'(to be sure), '예, 진실로'(yes, indeed)로 번역될 수 있다.

g. καὶ γάρ의 의미는 확정적이지 않다(BDF 452.3).

B. 종속 접속사

176. 종속 접속사에는 비교(comparative), 조건(conditional), 시제(temporal), 원인(causal) 관계들을 표시하는 다양한 종류가 있다.

177. 비교의 종속 접속사(BDF 453):

a. 신약에 나타나는 비교의 종속 접속사들은 다양하다: ὡς, ὥσπερ(36회), καθά(1회), καθάπερ(13회), καθό(4회), καθώς(182회), καθώσπερ(1회).

b. 결합 비교절(correlative comparative clause)은, ὡς (ὥσπερ, καθάπερ, καθώς) + οὕτως(또는, καί) 또는 οὕτως καί로 구성되

며, '처럼…그렇게'(as…so)의 의미를 가진다(예. 행 23:11).

c. ὡς 그리고 καθώς는 인과적 의미를 가진 문장을 이끌 수도 있다('왜냐하면'; 예. 고전 5:7; 참조. 마 6:12).

178. 조건의 종속 접속사(BDF 454):

a. 신약에서 사용되는 조건의 종속 접속사에는, εἰ, ἐάν, ἄν이 있다.

b. 이런 접속사들은 – περ라는 접미사가 첨부됨으로써 강화되기도 한다: εἴπερ, ἐάνπερ(만일…정말, 만일…결국).

c. 결합 접속사의 형태인 εἴτε…εἴτε(또는, 오직 롬 14:8에서 ἐάν τε…ἐάν τε)는 로마서와 베드로전서(2:13 이하)에서 발견된다.

d. εἰ의 특별한 용법

1) εἰ는 '…인지 아닌지'(whether)의 의미로서, 간접 질문을 이끄는 접속사로 사용되기도 한다. 때로는 번역되지는 않지만 직접 질문에도 사용된다.

2) εἰ는 '결단코…아니다'(in no wise)의 의미로서, 맹세를 소개하는 접속사로 쓰이기도 한다(예. 막 8:12).

179. 시제의 종속 접속사(BDF 455):

a. 가정법과 함께 쓰이는 ὅτε(103회), ὅταν(123회), ἐπαν(3회), 그리고 ἡνίκα(2회), ὁπότε(눅 6:3)는 모두 기본적으로 '언제'(when)의 의미를 가지는 종속 접속사이다.

b. 시제의 접속사로서 '…할 때'(when)의 의미를 갖는 ὡς는 누가 - 행전의 내러티브와 요한복음에 사용되며(예. 눅 1:23; 요 2:9), 바울서신에서는 가정법과 함께 ὡς ἄν의 형태로 사용된다(예. 롬 15:4).

c. 시간의 지속 즉, '…동안에'(while), '…하는 한'(as long as), '…하기까지'(until)를 의미하는 다양한 종속 접속사들이 있다.

1) ἕως(또는, ἕως ὅτου, ἕως ου -)

a) '…까지' - 모든 시제에 적용.

b) '…하는 동안에' - 현재 직설법에서만 적용.

2) ἄρχι(또는, ἄρχις)

a) 과거 직설법과 함께 ἄρχι ου - -- '…하기까지'(until).

b) 부정과거 가정법과 함께 ἄρχι ου - -- '…하기까지'(until).

c) 부정과거 가정법과 함께 ἄρχι(+ ἄν) -- '…하기까지'(until).

d) 현재 직설법과 함께 ἄρχι -- '…하는 한'(as long as).

e) 미래 직설법과 함께 ἄρχι -- '…하기까지'(until).

3) μέχρι(또는, μέχρις)

a) 가정법과 함께 μέχρι -- '…하기까지'(until).

b) 가정법과 함께 μέχρι -- '…하기까지'(until).

180. 원인의 종속 접속사(BDF 456):

a. ὅτι(왜냐하면)은 신약에서 가장 빈번하게 사용되는 원인의 종속 접속사이다. διότι나 καθοτί의 형태로도 쓰인다.

b. ἐπεί와 ἐπειδή는 통상 원인을 표시하며 직설법이 따라온다 (참조. ἐπειδήπερ는 오직 눅 1:1에만 나온다).

c. ἵνα는 때로 원인을 표시하는 절을 이끌기도 한다.

d. 전치사와 함께 사용되는 원인의 접속사 형태들도 있다: ἐφ' ᾧ(롬 14:21), ἀνθ' ὧν(눅 1:20), οὗ χάριν(눅 7:47), δἰ ἣν αἰτίαν(딤 1:13), 또는 ὡς(καθώς, 요 17:2).

181. 그 외의 종속 접속사(BDF 455, 457):

a. ἵνα, ὅπως, μή도 목적이나 결과절, 그리고 어떤 명사적인 절들을 이끈다.

b. 간접 진술을 이끄는 접속사들:

1) ὅτι는 간접문을 이끈다.

2) εἰ는 질문 대명사나 부사와 함께 간접 질문을 이끈다.

3) ἵνα – 명사절(sub-final)은 간접 명령을 이끌 수 있다.

c. 결과절을 이끄는 접속사들:

1) ὥστε도 실제적 결과를 표시하는 직설법과 함께 신약에 자주 사용된다('그래서'; 'so that'). 또한, ὥστε와 부정사(종종, 4격)가 함께 결과절을 표시하기도 한다(예. 눅 5:7; 4:29).

2) ἵνα도 가정법과 함께 결과절을 이끌 수 있다.

3) 신약의 어떤 본문들에서, ὅτι 역시 직설법과 함께 결과절을 이끄는 듯이 보인다(BDF 456.2; 예. 히 2:6; 눅 7:47).

d. 양보절(concessive clauses)을 이끄는 종속 접속사들:

1) εἰ καί, ἐὰν καί, κἄν 그리고 καίτοι (γε)는 한정된 동사와 함께 양보절을 이끌 수 있다.

2) καίπερ 그리고 καίτοι도 분사와 함께 양보절을 이끌 수 있다.

XIII. 불변화사(不變化辭)

182. 자체로서 어미변화와 같은 '단어 형태의 변화가 없는' 불변화사(Particles)는, 고전 헬라어에서는 문장과 문장, 절과 절을 잇는 중요한 기능을 하지만, 신약에서는 그다지 자주 사용되지 않는다. 반면에, 히브리어에 비해서는 그 종류도 다양하고 횟수도 빈번한 편이며, 문장의 의미를 이해할 때도 중요한 영향을 미친다. "고전 헬라어에서 사용되던 불변화사들의 조합은 현저하게 사라졌지만, 이런 현상은 동시에 보다 긍정적으로 또 다른 언어의 발전이라고 할 만한 성장에 의해 대치된다. 즉, 신약의 불변화사들은 새로운 조합들을 보여 주기도 하고, 어떤 불변화사들은 새로운 기능을 갖게 되기도 하고, 문장의 다른 부분에서 새롭게 연결되는 불변화사들이 태어나기도 하는 것이다"(Margaret E. Thrall, *Greek Particles in the New Testament* [Grand Rapids: Eerdmans, 1962], 96).

183. 불변화사들은 문장 안에 놓이는 위치나 악센트가 붙는 방식에 따라 다양하게 분류된다.

a. 다음의 불변화사들은 결코 문장의 맨 처음에 오지 않는 후치사(postpositive)이다: ἄν, γάρ, γε, δέ, μέν, μέντοι, οὖν, τε.

b. 불변화사들의 악센트:

1) 어떤 불변화사들은, 대부분의 헬라어 단어가 그러하듯, 그들 자신의 악센트를 갖는다(예. γάρ, δέ).

2) 많은 불변화사가 자신의 악센트 없이 앞의 단어에 붙어 약하게 발음되는 후접어(enclitic)이거나, 혹은 뒤에 오는 단어에 붙어 발음되는 전접어(proclitic)이다.

a) 후접어(enclitics)의 경우, 악센트는 불변화사가 붙어 있는 그 앞 단어에 의해 지배된다. 대체로는 그 단어의 마지막 음절(ultima)에 애큐트(acute)가 주어진다.

b) 전접어(proclitics)의 경우에 악센트가 주어지는 경우는 오직 문장의 뒤에 올 때이거나, 혹은 그 뒤에 후접어가 따라올 때이다. 헬라어에는 다음의 열 개의 전접어가 있다: ὁ, ἡ, οἱ, αἱ, ἐν, εἰς, ἐκ (ἐξ), εἰ, ὡς, οὐ (οὐκ, οὐχ).

c. 어떤 접속사들은, 동시에 불변화사들로서 전접어나 후접어이기도 하고, 동시에 또는 후치사이기도 하다(예. δέ, οὖν).

184. 강화된 또는 강조의 수사들:

a. γε(BDF 439)는, 후접어이며 후치사이면서, 수식하는 단어를 강조하는, '진실로, 드디어'(indeed, at latst)의 의미를 갖는다.

1) γε만 단독으로 나오는 경우는 신약에서 3회에 불과하다 (눅 11:8; 18:5; 롬 8:32).

2) γε는 다른 단어들과 함께 사용되기도 하는데, 다소의 강

조 외에 원래의 의미에 거의 변화를 주지 않는다.

a) ἀλλά γε(2회) – '최소한'('at least', 고전 9:2); '하지만'('but even', 눅 24:21).

b) ἄρα γε(3회) – '결과적으로'('consequently', 마 7:20; 17:26); '아마도'('perhaps', 행 17:27).

c) ἆρα γε(1회) – 질문의 불변화사 ἆρα를 강화시킴(행 8:30).

d) εἴ γε(5회) – '참으로 만일'(고후 5:3; 갈 3:4; 엡 3:2; 4:21; 골 1:23).

e) εἰ δὲ μή γε(8회) – '그렇지 않다면'의 의미로, 확증하는 절 다음에 온다(마 6:1; 9:17; 눅 5:36, 37; 10:6; 13:9; 14:32; 고후 11:16).

f) καί γε(3회) – '그리고 심지어'('and even', 행 2:18; 17:27; 고전 4:8).

g) καίτοιγε(1회) – '그리고 하지만'('and yet', 요 4:2).

h) μενοῦνγε(3회) – 문장의 시작에서 긍정함을 강조하는, '오히려, 차라리', '그 반대로', '실로'의 의미(롬 9:20; 10:18; 빌 3:8).

i) μήτι γε(1회) – '말할 것도 없이'(고전 6:9).

j) εὖγε(1회) – '참 잘하였다'(눅 19:17).

b. δή(5회) – 후치사이지만, 후접어(enclitic)는 아니다. 예외에 해당하는 마태복음 13:23에서는 격려나 명령을 강화하기 위해 사용되었다: '참으로', '그러므로'(눅 2:15; 행 13:2; 15:36; 고전 6:20; BDF 451).

c. μέν은 후치사이지만 앞의 낱말 뒤에 붙는 후접어는 아니다. 홀로 사용되었을 때에는 다양한 정도의 대조, 재개(再開, resumptive), 또는 강조의 의미를 전달한다. 종종 다른 불변화사들과 함께 사용된다.

d. περ는 후치사이면서 후접어로서, 기본 의미에 더해 강화된, 어떤 면에서는 확장된 힘을 부여한다: διόπερ(2회), ἐάνπερ(3회), εἴπερ(6회), ἐπειδήπερ(1회), ἤπερ(1회, '…보다'; 'than'), καθάπερ(13회, '꼭 그처럼'; 'just as'), καθώπερ(1회), καίπερ(5회, '비록, 그럼에도'[분사와 함께]; 'although'), ὥσπερ(36회, '꼭 그처럼'; 'just as').

e. 후접어인 τοι는 대체로 후치사이며 오직 다른 단어들과 결합된 형태로만 나온다. 제한적인(restrictive), 그리고 종종 반의적인(adversative) 뉘앙스를 부여한다: ἤτοι(1회, '…이것이나 혹은 저것'; 'either'), καίτοι(2회, '그리고 하지만'; 'and yet'), μέντοι(8회, '하지만', '그럼에도 불구하고'), τοίνυν(3회, '그래서', '참으로'; 'hence', 'indeed').

185. 확증과 보강을 위한 불변화사들(BDF 441):

a. ἐι μήν(1회) – '확실히, 분명히'(히 6:14).

b. νή(1회) – '확실히, 진실로'(BDF 432).

c. ναί(33회) – '예', '실로'(BDF 432).

d. οὔ οὐχί – '아니'('no'; BDF 432).

e. δήπου(1회) – '물론', '확실히'(히 2:16).

f. ἀμήν(1회) – '진실로'(truly), 예수님의 어록에서 λέγω ὑμιν 과 함께(마 31회, 막 14회, 눅 6회; ἀμήν ἀμήν, 요 25회).

186. 양태의 불변화사(modal particle): ἄν

a. ἄν과 함께 직설법이 나오는 경우.

1) 종속절에서, 과거에 반복되던 행동을 표현할 때 ἄν과 함께 부정과거나 미완료 직설법을 사용한다(마 6:56; 행 2:45; 4:35).

2) 비현실적 조건문의 귀결절(apodosis)이 ἄν과 함께 부정과거나 미완료, 또는 과거완료 등의 2차 시제(secondary tense)로 표현될 때(요일 2:19).

b. ἄν과 함께 가정법이 나오는 경우.

1) 기대의 조건문에서 ἐάν(εἰ + ἄν)이 현재 또는 부정과거 가정법과 함께 쓰이는 경우(예. 요 16:23).

2) 조건의 또는 관계적인 기대의 조건문에서, 관계 대명사와 함께 ἐάν이 사용된다. 또한, 조건의 또는 시간적 기대의 조건문에서 시간의 접속사들과 함께 사용되기도 한다. 때로, ἐάν은 이런 구문들에서 재강조의 의미로 사용

되기도 한다(예. 마 5:19).

3) ὅπως 이후에 ἄν과 가정법이 나오는 경우인데 목적을 표시한다(4회, 즉, 눅 2:35; 행 3:20; 15:17; 롬 3:4). 정상적인 구문은 ὅπως와 가정법이 나오는 형태이다.

c. ἄν과 함께 희구법이 나오는 경우.

1) 이상적인 조건문의 귀결절에서 희구법과 함께 ἄν이 쓰이지만, 신약에는 용례가 없다.

2) 가능성의 희구법에서 희구법과 함께 ἄν이 사용된다.

187. 질문의 불변화사들(BDF 440):

a. 직접 질문은 다양한 방식으로 소개된다:

1) τίς, πῶς, ποῦ와 같은 질문의 대명사나 부사로 소개될 수 있다.

2) 부정을 표시하는 οὐ에 의해(긍정적인 답을 예상) 또는 μή에 의해(부정적인 답을 예상).

3) 불변화사인 ἆρα는 어떤 초조함이나 참지 못함의 뉘앙스를 전달하면서 부정적인 답을 예상한다(2회, 눅 18:8; 갈 2:17).

4) ἤ(또는)는 병행되는 질문이나(예. 눅 123:4) 수사학적 질문을(예. 롬 3:19) 소개한다.

5) 불변화사로서 εἰ는 번역되지 않는 경우도 있는데, 아마

도 히브리어적인 영향일 것이다(예. 눅 13:23; 행 19:1; BDF 440).

6) 불변화사가 없이도, 직접 대화 가운데서 태의 변형이나 문맥 또는 구두점의 표시를 통해 질문을 표시할 수 있다.

b. 간접 질문은 아래의 방식으로 표현된다.

1) 질문의 대명사 또는 부사.

2) εἰ('…인지 아닌지'; 'whether')를 사용하는 경우.

3) 이중 질문 구조를 소개하는 πρότερον…ἤ의 경우('…인지 아닌지…또는'; 'whether…or'; 오직, 요 7:17).

188. 부정적 의미의 불변화사들과 단어들(BDF 426-433):

a. 신약 헬라어에서 통용되는 기본 원칙은, οὐ(또는 οὐκ, οὐχ)가 직설법 문장을 부정하는 데에 사용되며, μή가 직설법 이외의 법들, 부정사(또한 간접문), 그리고 분사를 부정하는 데에 사용된다는 것이다. 이 원칙이 고전 헬라어에서 이런 부정 불변화사들을 사용하는 보다 복잡한 용법들의 기초이다.

b. 이런 원칙을 기본으로 하면, μή가 직설법과 함께 사용되는 유일한 예외는 μή가 부정적인 대답을 예상하는 질문에 사용되는 경우이다.

c. 더 나아가, οὐ μή의 복합적 형태는 부정과거 가정법(또는 가끔 미래 직설법)과 함께 사용되는 경우인데, 미래에 대한 강한 부정을 표현한다. 질문 구조에서 이런 구조는 확증을 표현한다(BDF 365.4; 참조. 눅 18:7).

d. οὐ 또는 μή가 '부정을 의미하는 각각의 동일 어근을 가진 단어들'(cognate negatives)과 복합적으로 함께 사용될 때 이는 그 부정을 더욱 강화하는 표현이 된다.

- 눅 4:2 καὶ οὐκ ἔφαγεν οὐδὲν
  '그는 전혀 아무것도 먹지 않았다.'

e. 종종 οὐ가 분사와 함께 사용되는 경우는, 탈취(privative)나 비실재(non-reality)의 상황을 강조한다(참조. 행 7:5; 살전 2:4).

189. 연결하는 불변화사들이 없는 것을 '연사[連辭] 생략'(asyndeton; ἀσύνδετον, 즉, '서로 함께 묶이지 않음'에서 유래)이라 부른다. 헬라어에서는, 특별히 고전 헬라어에서, 연사 생략 현상은 드물기도 한 만큼 특별한 중요성이 있다. 연사 생략 현상은 종종 그림 같은 묘사나 속도감 있는 빠른 묘사를 할 때 일어난다. 때로 연속적으로 나오는 연결되지 않은 절들은 그 앞선 절에 대하여 설명적이거나 동격이다. 신약에서 연사 생략 현상은, 상당히 많은 경우들에도 불구하고, 그 가능한 주해적 함의를 위해 반드시 주의 깊게 고려되어야 한다. 연사 생략에 대해 다음의 요소들을 기억하라:

a. 연사 생략은 상대적으로 마태복음, 마가복음, 그리고 누가복음에는 드물게 나오지만, 요한복음에는 그에 비해 훨씬 많이 나온다.

b. 복음서에서 가르침(didactic)이 나오는 부분이나 서신에서 권고하는(hortatory) 부분에서 연사 생략이 빈번한데, 이는 직접성과 엄위함을 전달하기 위함이다.

c. 대화(dialogue) 가운데서 연사 생략이 있는 경우는, 묘사하는 장면에 생생함이나 움직임을 강조하기 위함이다.

d. 그 밖에 연사 생략이 있는 경우, 내러티브를 포함해서 그 수사학적이고 동격의 의미와 중요성은 반드시 고려되어야 한다(BDF 494; 참조. 히 11:3-30; 약 2:13; 4:2; 5:13 이하).

〈부록 2〉

신약 헬라어 성경 강독의 실제

신약성경을 헬라어 원문으로 읽는 데는 꾸준한 습관이 필요하다. 언어는 하루아침에 익혀지지 않기 때문이다. 매일 성경을 묵상하는 시간이 있다면, 그 본문의 헬라어 원문을 확인하고 읽어 보는 습관을 들이면 유익하다. 본문을 헬라어로 읽으면서 자주 문법을 확인하고, 구문론적 규칙들을 참고하면서 문맥을 정확히 이해하려고 노력하면, 시간이 지날수록 점차 눈덩이가 불어나듯 원문을 이해하는 정도가 깊어질 것이다. 다음은, 신약성경을 원문으로 읽어야 할 필요성과 유익을 보여 줄만한 강독의 두 가지 사례이다.

1. 야고보서 1:4a

ἡ δὲ ὑπομονὴ ἔργον τέλειον ἐχέτω

이 원문을 어떻게 해석, 번역할 수 있을까? 다양한 한글 번역본들은 대체로 우리가 '해야 하는 인내' 또는 인내를 하는 '우리 자신'에 초점을 둔다. 예컨대, "인내력을 한껏 발휘하십시오"(공동번역)라든가 "여러분은 인내력을 충분히 발휘하여"(새번역), 그리고 "끝까지 참고 견디어"(현대인의 성경) 등으로 번역하는데, 이는 '우리가 인내하는 일'에 초점을 맞춘 번역들이다.

Peter H. Davids는, 이런 맥락에서 이것이 견고한 의에 기초한 '의로운 사람'의 덕이며, 종말에 완성될 것으로 바울이 '너희 안에 그리스도의 형상이 이루어짐'과 같은 것이라고 본다(갈 4:19; cf. Sir. 2:1-6).[4] Martin Dibelius도 여기서 말하는 인내는 종말론이나 순교를 근거로 한 '영웅적 인내' 혹은 '그들[순교자들]의 용기와 인내'(Macc 1.11)와 같은 것으로서 이를 교훈할 목적으로 기록된 것으로 본다. 야고보서 1:4a의 '온전히 (이루라)'는 4b의 '(너희가) 온전하고'(ἦτε τέλειοι)와 거의 동일한 의미로서 '너 자신을 온전히게 만들라'(Let it make you perfect)는 식으로 번역될 수 있다는 것이다.[5] 즉, 4a의 '온전한 역사'(에르곤 텔레이온, ἔργον τέλειον)란 결국 그의 '온전한 성품'(4b)을 지칭하는 셈이다.

---

4 Peter H. Davids, *The Epistle of James: A Commentary on the Greek Text* (Grand Rapids: Eerdmans, 1982), 69-70.

5 Martin Dibelius, *A Commentary on the Epistle of James* (trans. M. Williams; Hermeneia; Philadelphia: Fortress Press, 1976), 74, 요셉의 유언집의 한 구절을 인용한다: "그리고 나는 그 모든 시련들 가운데서 인내했다. 왜냐하면 참는 것은 강력한 치료약이며 견디는 것은 많은 유익을 주기 때문이다"(*Test. Jos.* 2.7).

하지만 번역본들에 의존하지 않고 헬라어 원문의 문법적 구조를 주의 깊게 들여다보면, 이 본문은 단순히 '우리에게 끝까지 잘 참아라'는 정도의 권면을 하는 것 이상을 말하고 있다는 생각을 하게 된다. 우선, 4a의 주어는 '우리'나 '그'가 아니라, ἡ δὲ ὑπομονη 즉 '그 인내'라는 사실이 중요하다. '인내' 자체가 문장의 주어인 것이다. 더구나 주동사인 ἐχέτω는 명령형인데, 3인칭 단수로서 그 '그 인내'가 주체가 되는 행위를 명령하고 있다. 문자적으로 하면, '[그 인내가] 갖게 하라'는 뜻인 셈이다.

그리고 ἐχέτω의 목적어는 ἔργον이며, 이 목적어를 수식하는 형용사인 τέλειον이 명사 ἔργον의 뜻을 보충하고 있음을 알 수 있다. 즉 '온진한 일' 또는 '그 일이 온전하게' 정도의 의미가 된다. 중요한 것은 '온전한'이라는 형용사가 인내하는 '사람'을 수식하는 것이 아니라, '그 인내'의 '일' 자체를 수식한다는 점이다. 본문의 구문론적 구성을 주의 깊게 들여다보면, '온전한'이라는 형용사가 수식하는 대상이 '인내의 일'이라는 사실이 작은 차이 같지만 중요한 의미를 전달하고 있음을 깨닫게 된다.

그러니까 이 본문은 '온전히, 끝까지 잘 인내하라'든지, 그렇게 '인내해서 온전한 사람이 되어라' 정도의 이야기가 아닌 것이다. 4a를 그 문법적, 구문론적 구성에 따라 정확히 번역하면 '인내로 하여금, 그 일을 온전히 이루게 하라'는 뜻이 된다. 이것이 무슨 말인가? 우선, 이 본문은 '인내의 일'이라는 것을 전제하는 표현이다. '인내의 일'이라는 것이 무엇인가? '인내의 역사'(work of the endurance)

라고도 말할 수 있다. 성도의 믿음을 통해 인내가 나오는데, 그 인내는 스스로 하는 '일'이 있다는 것인가? 그렇다.

이를 풀어서 설명한다면, '인내가 이루어 내는 일 또는 인내가 진행되는 전 과정' 정도의 의미라고 할 수 있다. 성도가 믿음을 버릴 수 없다면, 불가피하게 인내하게 된다. 인내를 할 수밖에 없는 차원이 있다. 그래서 시험을 만나면 '인내의 일, 작업'이 진행된다. 그리고 그 '인내는 그 자체로서 이루고자 하는 일, 열매, 목적'이 있고, 그 '그 인내가 다 가야 하는 과정, 코스(full course)'가 있다고 할 수 있다.

그러므로 신자가 믿음의 인내를 하게 될 때, 4a의 뉘앙스는 그 믿음의 인내가 그 믿음을 가지고 있는 그를 이끄는 모든 과정, 그 인내가 진행되는 전 과정을 '그대로 모두 지나가게 하라'는 의미에 가까운 것이다. 즉, '인내로 하여금 그 일을 다 이루게 하라'에 가까운 뜻이 된다. 신자가 믿음을 통해 인내하게 될 때, 그 인내가 그 과정을 통해 목적하는 열매를 다 이룰 때까지, 그 인내가 그대로 진행되도록 두라는 의미인 것이다.

이런 표현은, 헬라어 문장 구성 자체나 그것을 한글로 번역해도 다소 낯설고 이색하지만, 그래서 성경 계시의 특수함이나 그 신비를 잘 담아내는 표현이기도 하다. 이 본문은 그저 '끝까지 인내하라'든지 '인내해서 온전한 사람이 되라'는 정도의 도덕적 교훈을 주려 한 것이 아니다. 이렇게 보면, 전후 문맥 안에서 1절과 7절에 등장하는 '주'(κυρίος, Lord)라는 표현이 그저 메마른 형식적인 칭호로 주어진 것이 아닐 수 있다는 사실에도 주목하게 된다.

구문(syntax)에 대한 이해라는 것은, 결국 본문을 구성하는 문장이 속해 있는 인접한 전후 문맥의 상호 연관 관계(network) 안에서 그 본문을 읽어 내는 작업이다. 이런 식으로 4a의 '인내의 온전한 일'이라는 표현을 읽어 내면, 그 배후에 세상에 '흩어진' 양 무리를 인도해 가시는 '주(主) 예수 그리스도'의 역사하심을 상정할 수도 있게 된다. 그 양 무리의 '주'께서는, 세상에서 '여러 가지 시험을 맞닥뜨리는' 성도에게 믿음을 주셔서 인내하게 하시며, 그 '믿음의 인내'는 주께서 그의 인내를 통해 결국 이루어 가시는 그의 '온전하고, 구비하여, 조금도 부족함이 없는 상태' 즉 그에게 주기로 예비하신 '생명의 면류관'을 얻기까지 계속될 것이라는 의미가 될 수 있다(약 1:1, 2, 4, 12).

이러한 '믿음을 통한 인내의 역사'를, 교회는 오랫동안 '성도의 견인'(perserverance of the saint)이라는 교리로 표현해 왔다. 현실적으로는 성도 자신이 인내하는 것이지만, 실제로는 하나님께서 그로 하여금 믿음을 주셔서, 그가 그 믿음 안에서 소망과 사랑을 공급받으며 하나님께서 이끄시는 대로 성화되고 영화되는 존재와 관계의 변화를 견디어 내게 된다. 야고보서 1:4a는 이런 '성도의 견인'이라는 은혜요 동시에 요구인, 복음의 신비와 책무를 잘 드러내는 말씀이다. 이것을 정확히 잡아내려면, 원문이 가진 문법적, 구문론적 구조를 소홀히 다루지 않고, 면밀하게 숙고해야 한다. 헬라어 강독은 이런 습관을 기르는 유익하고 효과적인 방편이다.

2. 요한일서 1:1

῝Ο ἦν ἀπ᾽ ἀρχῆς ὃ ἀκηκόαμεν ὃ ἑωράκαμεν τοῖς ὀφθαλμοῖς ἡμῶν ὃ ἐθεασάμεθα καὶ αἱ χεῖρες ἡμῶν ἐψηλάφησαν περὶ τοῦ λόγου τῆς ζωῆς

이 본문을 읽어 보면 우선 동사의 시제가 다양하게 나타남을 알 수 있는데, ἦν은 미완료이고 ἀκηκόαμεν과 ἑωράκαμεν은 완료형, 그리고 ἐθεασάμεθα와 ἐψηλάφησαν는 부정과거임을 확인할 수 있다. 이런 시제들의 차이는 무엇을 알려 주는가? 헬라어의 '동사적 관점' 모델에 따르면, 부정과거가 기본으로서 문장이 그려 내는 상황의 배경을 형성하고, 그 앞에 미완료나 현재형이 펼쳐지며, 맨 앞의 무대의 중앙 같은 부분에서 일어나는 일은 '현재의 상태'를 강조하는 완료형으로 묘시된다고 판단할 수 있다.

그러므로 동사의 시제들 간의 관계에 대한 '동사적 관점' 모델에 의하면, 이 문장에서는 부정과거형으로 표현된 '[우리가] 주목하여 보았고(ἐθεασάμεθα), 만졌다(ἐψηλάφησαν)'가 가장 기저에 또는 배후에 놓여 있는 동작이 된다. 그다음 미완료형인 ἦν은, 그 부정과거형 동사가 묘사하는 것들을 배후에 두고 그 앞에서 강조되는 상황을 묘사한다.

여기서 ἦν은 '있어 온'으로 번역할 수 있는데, 단지 '그것'이 '지속적으로 존재하는' 것을 가리킨다. 즉, 미완료형인 ἦν은 '그것'이 '맨 처음 혹은 태초'의 어느 시점에서 시작되었는지를 알려 주지 않은 채, 그저 '있어 왔고, [지금도] 있는' 상황을 강조하는 표현이라 할 수 있다.

마지막으로, 완료형으로 표현된 '[태초부터 있어 온 그것을] 들은 것이 지금도 남아 있는 상태'이고(ἀκηκόαμεν), ['우리의 눈으로] 본 것이 현재도 생생히 남아 있는 상태'이다(ἑωράκαμεν). 이런 '상태들'이, 같은 문장 안에 있는 부정과거형(보았고, 만졌다)이나 미완료형 동사(태초부터 '있어 온')를 배경으로 해서, 가장 눈에 띄도록 전면에 내세워진 내용이라 할 수 있다.

이렇게 동사들의 시제에 따라 행동의 종류나 그런 동작을 전달하는 저사의 관섬을 입체적으로 재구성해서 본다면, 본문은 결국 어떤 의미를 전달하고자 하는 것일까? 결론부터 말하자면, 저자는 성육신 사건을 배경으로 해서, 그 초월적인 신비의 실체가 정말로 나타났고, 그래서 그들이 그것을 '보았고 만진' 그 결과가 자신들 안에 생생하게 남아 있기 때문에, 그들(사도들) 자신이 그 성육하신 말씀의 '살아 있는 증인들'이라는 사실을 강조하는 것으로 해석할 수 있다.

구체적으로 살펴보자. 먼저 1절의 문장이 그려 내는 상황에서 가장 배후에서 배경이 되는 행동은. '우리가 주목하여 보았고, 우리의 손으로 만졌다'라고 묘사된 사건이다. 여기서 사용된 시제가 부정과거(aorist)이기 때문에, 우리는 이 동작들이 '단순한' 즉, '하나의 경험으로 묶을 수 있는 행동 전체를 총괄해서' 가리키는 표현이라고 생각할 수 있다. 역사의 어느 시점에 확실하게 일어난 사건을 총체적으로 가리키는 표현인 것이다.

그러니까 여기서 '주목하여 보았고, 우리 손으로 만졌다'는 증언은, 그 주어인 '우리' 즉 '사도들'이 경험한 '성육신'(incarnation)의 사건을 가리키는 셈이다. '말씀이신 그 아들이 육신이 되어 우리 가운데 거하신' 그 사건에 대한 역사적인 확고한 증언이, 지금 요한일서 1:1의 본문이 말하고자 하는 내용의 가장 배후에 놓인 근거 또는 토대가 되고 있다.

흥미롭게도, 이런 사실은 1절에 부정과거인 ἐθεασάμεθα(주목하여 보았다)가 요한복음 1:14에서 "말씀이 육신이 되어 우리 가운데 거하시매 우리가 그의 영광을 보았다"라고 했을 때, 그 '보았다'(ἐθεασάμεθα)라는 표현이 똑같은 부정과거 동사형이라는 사실로도 뒷받침될 수 있다.

이제 요한일서의 저자는 이 성육신을 경험한 사실과 연관해서, 이와는 대조적으로 성육신을 통해 나타나게 된 '그것'의 '초월적인 실체'를 부각시킨다. 이를 위해, 태초의 '그것'이 세상에 '나타나' 경험되기 이전부터 존재해 온 계시의 실체라는 사실을 묘사하기 위해, 미완료형인 ἦν(있어 온)을 사용하는 것이다. 여기서 미완료형인 ἦν은, 어떤 행위의 시작이나 완결과는 상관없이 그 행위의 '지속성'을 강조한다.

조금 확대해서 해석하면, '태초의 그것'은 존재하기 시작한 시점이나 끝나는 시점도 없이 어쩌면 영원토록 '있어 온' 무엇으로 묘사되는 것이다. 이렇게 보면, 부정과거로 표현된 '주목하여 보았다'든지 '만졌다'라는 성육신적 경험을 배경으로 했을 때, 매우 대조적으로 '태초부터 있어 온 그것'의 실체는 더욱더 신비에 휩싸여 두드러지게 보인다.

그렇다면 '무엇이' 그렇게 태초부터 '있어 온' 것이라는 말인가? 여기서 '있어 온'의 주어인 '그것'(Ὅ)은 중성 대명사로서, 그 뒤에 나오는 '말씀'(λόγος, 남성)이나 '생명'(ζωή, 여성)과 그 성(性)에서 일치하지 않는다는 점도 이상하고 낯설다. 도대체 저자는, 태초부터 '무엇'이 있어 왔다는 것이며, 또한 사도들이 들었고 본 것은 '무엇'이라는 것인가?

그것은 어쩌면 정확히 '말씀'이나 '[영원한] 생명'과 일치하지 않는, 일치하는 것으로 확정할 수 없는 '무엇'으로서, 태초부터 있어 온 것의 신비로 남아 있도록 묘사된 것일 수 있다. 분명한 점은, 요한일서 1:1에서 저자는 그 태초부터 '있어 온' 그것의 초시간적이고 초월적이며, 창조 이전부터 있어 온 '그 무엇'의 신비가 성육신 사건을 통해 나타났고, 그것이 말씀으로, 영원한 생명으로 경험되었고 증거될 만큼 '참으로' 세상 안으로 '들어왔다(!)'는 사실이다.

이제 1절에 있는 두 개의 완료 동사는, '육신으로 나타나 경험되는' 성육신(成肉身) 사건과 이와 대조를 이루는 '태초부터 있어 온 그것'의 선재(先在)를 가리키는 동사적 표현들을 배경으로, 더 밝은 빛을 발한다. 즉, 완료형인 ἀκηκόαμεν과 ἑωράκαμεν은 또 다른 차원의 중차대한 행동, 어쩌면 본문이 가장 강조하고 싶어 하는 증언을 부각시키고 있음을 드러내는 것이다.

헬라어 동사 시제에 관한 '동사적 관점' 모델이나 '행동의 종류' 모델에 의하면, 완료는 어떤 행동이 '완료'된 것과 함께 '그 결과로 현재까지 지속되는 상태'를 강조하는 시제이다. 즉, ἀκηκόαμεν과 ἑωράκαμεν은, 각기 '들은 것이 지금껏 지속되는 상태', 그리고 '본 것이 지금껏 지속되는 상태'를 강조하는 표현인 것이다.

말하자면, 이것은 성육신 사건을 근거로, 저들에게 주어진 성령께서 저들이 들었던 말씀과 보았던 성육신 사건의 의미를 저들에게 '현재적으로 알아지고 생생하게 깨달아지게 하신' 결과를 가리킬 수 있다. 이런 해석이 과장이 아닐 수 있는 근거 중의 하나는, 흥미롭게도 요한복음 20:25에서 제자들이 부활하신 예수님을 '보았다'고 했을 때에도 동일하게 완료형인 ἑωράκαμεν이 사용되었다는 사실로 뒷받침될 수 있다.

정리하면, 요한일서 1:1에서 저자는 '보았다, 만졌다'와 같은 성육신을 경험한 사실에 관한 증언을 부정과거로 표현함으로써 그것을 전제로 삼고, 그렇게 나타나 경험된 계시의 실체를 '태초부터 있어 온 그것'으로 표현하여 대조시키고 강조한다. 더 나아가 저자는, '태초부터 있어 온'(미완료형) 그 신비의 실체가, 육신을 입고 나타난 성육신의 사건을 '주목하여 보았고 손으로 만졌다'(부정과거)는 사실을 바탕으로, 현재에도 그들 안에 '생생한 증거로 살아 있음'(완료)을 강조한 것이다. 태초부터 있어 온 '그것'이, 정말 이 세상 안으로 들어왔고, 그래서 그들이 '그것'을 '영원한 생명'으로 경험했으며, 그 경험한 증거가 지금도 그들 안에 살아 있기 때문이다.

이것이 헬라어 동사의 시제가 갖는 '행동의 종류'나 '동사적 관점'을 염두에 두었을 때, 이 요한일서 1:1에서 재구성할 수 있는 구문론적인 '입체적' 의미가 될 수 있다. 저자는 동사의 다양한 시제들을 대비시킴으로써, 성육신과 성령의 계시를 통해 이 세상에 들어왔고 눈으로 보고 손으로 만질 수 있을 만큼 성육화된 그것은 바로 세상 이전부터 '있어 온' 실체라는 사실을 강조하면서, 동시에 이 세상에 나타난 '그것'을 '말씀과 영원한 생명'으로 경험한 그들의 경험이 지금도 여전히 '살아 있는 생명과 빛'으로 그들 안에서 현존(presence)하고 있는 증언임을 강조한 것이다(요일 1:1-5; 참조. 요 1:4).

결론적으로 저자는 요한일서라는 서신의 첫 구절에서부터, '예수께서 육체로 오신 것은 아니다'(요일 2:19-20; 4:2)라는 적대자들의 거짓 가르침을 정면으로 반박하고 있는 셈이다.[6] 요한일서는, '태초부터 있어 온 그것'이 이 세상에 육신을 입고 오신 말씀으로 이미 그들 가운데 거하고 있으며(요일 1:10; 3:9), 그 '성육한 말씀'은 그들 안에서 영생'이 되었고(요일 5:13), 그 생명 안에 있는 '참빛'으로 이미 이 세상 안으로 '참으로 침투해 들어오셨다(!)'고 선포한다(요일 1:5; 2:8). 그리고 무엇보다, 이 놀라운 계시와 성육신의 사건은 그들 자신 안에 영원한 생명으로 생생하게 살아 있는 진리라는 것을 강조하여 증언하고 있는 것이다.

---

6 요한일서의 적대자들은 초기 영지주의자인 '가현설론자들'(Docetic)이었을 가능성이 높다. 채영삼, 『코이노니아와 코스모스: 요한일서의 이해』(이레서원, 2021), 17-27 참조.

■ 신약 헬라어 학습을 위한 참고 문헌

Novum Testamentum Graece, 27th Edition (NA27) Standard Edition. Edited By: E. Nestle, Barbara Aland, Kurt Aland, Hendrickson Publishers, 1993.

The UBS Greek New Testament: A Reader's Edition. Ed. by Barbara Aland et al. Hendrickson Publishers, 2008.

김경진. 〈신약성경 헬라어 문법〉. 크리스찬출판사, 2003.

김병국. 〈기초 헬라어 문법〉. 대서, 2019.

_____. 〈외우기 쉬운 헬라어 단어〉. 대서, 2021.

레코프, 프리드리히. 〈신약성서 헬라어 단어집: 중요도와 빈도수에 따라 정리한〉. 김충연 옮김, 대한기독교서회, 2010.

메츠거, 브루스 M. 〈신약성경 헬라어 단어집〉. 류근상 옮김. 크리스챤출판사, 2003.

신현우. 〈신약 헬라어 주해 문법〉. 킹덤북스, 2021.

유복곤. 〈신약 필수 헬단어: 품사별, 중요도, 빈도순에 따라 배우는 헬라어 필수 단어〉. CLC, 2014.

이순한. 〈신약성서헬라어〉. 이순한 역편, 초판 1971, 개정증보, 2002. 생명의 말씀사.

월리스, 대니얼. 〈월리스 중급 헬라어 문법 신약 구문론의 기초〉. IVP, 2019.

장동수. 〈신약성서 헬라어 문법〉. 요단출판사, 1999.

장성민. 〈현대 언어학적 논의를 반영한 중급 신약성경 헬라어 문법〉. 한국성

서학연구소, 2018.
정창욱. 〈새로운 성경 헬라어 문법〉. 총신대학교 출판부, 2008.
터너, 나이젤. 〈신약 헬라어의 문법적 통찰〉. 감은사, 2019.

Bauer, Walter. *A Greek English Lexicon of the New Testament and Other Early Christian Literature* 3rd Ed. (BDAG), University Of Chicago, 2000.

Blass F. and A. Debrunner. *A Greek Grammar of the New Testament and Other Early Christian Literature*, trans. Robert W. Funk. University of Chicago Press, 1961.

Jacques, Xavier. *List of New Testament Words Common Elements*. Biblical Institute Press, 1969. Metzger, Bruce M. *Lexical Aids for Students of New Testament Greek*, Baker, 1999.

Moule, C. F. D. *Idiom Book of the New Testament Greek*. Cambridge Univ.Press, 1953.

Porter, Stanley E. *Idioms of the Greek New Testament*. 2nd Ed. Sheffield Academy, 1995.